존리의
왜
주식
인가

존리의 왜 주식인가

시간에 투자하는 대가의 생각

WHY
INVEST
IN
STOCKS
?

한국경제신문

주식투자란 나무를 심어
그 나무에서 나오는 열매까지를 모두 취하는 것이다.
하락이 예상된다고 주식을 팔아버리면,
홍수나 가뭄, 강풍이 온다는 일기예보 때문에
수확하기도 전에 심은 사과나무를 뽑아버리는 것과 같다.

전면개정판을 쓰면서

주식, 가장 열심히 일하는 자산

《왜 주식인가?》를 처음 출간한 때가 2010년입니다. 노후 준비를 위해서는 주식에 반드시 투자해야 하고 단기간의 수익률에 연연하지 말고 오랫동안 투자해야 한다는 철학을 전파하고 싶은 마음에 책을 냈지만, 당시에는 주목을 끌기에 역부족이었습니다.

대부분 주식투자를 단기간의 수익률을 좇는 것으로만 인식하고, 주식투자가 노후를 준비하는 가장 좋은 수단이 된다는 것을 생각하지 못하는 사회적 분위기가 한몫을 한 것이 아닐까 싶습니다(지금도 그런 사람이 많긴 하지만 말입니다). 10여 년이 지난 지금, 엄청난 일이 일어나고 있습니다. 주식은 도박이라고 여겼던 사람들, 특히 젊은 사람들이 주식에 관심을 가지고 투자하기 시작한 것입니다.

주식에 투자하는 것은 너무나 당연한 일이지만, 우려되는 점도 적지 않습니다. 주식에 대한 이해가 부족하면 주식가격이 조금만 올라도 팔고 싶고 조금만 하락해도 안절부절못하며 잘못된 판단을 하게 되고, 주식투자를 통한 즐거움을 느끼지 못하게 됩니다. 단기간에 큰돈을 벌고 싶은 욕망에 빚을 과도하게 지고 투자를 하는 것은 투자가 아니라 투기에 가깝습니다.

가격이 10%나 20% 오르면 주식을 팔고 얼른 도망가고 싶고, 조금만 손해를 보면 손절매를 하는 것은 잘못된 투자 방법입니다. 주식투자는 기업의 일부분을 사는 것이지 증서만을 사는 것이 아니기 때문입니다.

2020년 코로나19라는 큰 사건을 겪고 전 세계의 경제가 초유의 마이너스 성장을 하는데도 오히려 주식시장은 사상 최고치를 경신했습니다. 이는 주식시장을 예측하는 것이 얼마나 어려운 일인지를 단적으로 보여주는 예입니다. 주식투자는 해도 되고 안 해도 되는 선택사항이 아니고 필수입니다. 나의 자본을 일하게 하는 수단 중 주식이 가장 열심히 일하기 때문입니다. 다만 주식에 투자하는 이유가 분명해야 합니다. 단지 돈을 벌고 싶은 희미한 이유라면 실패할 확률이 높습니다. 주식투자는 상장된 주식회사의 지분을 취득하는 행위이고, 주식을 사기 전에 그 회사의 펀더멘털에 대한 지식을 쌓는 노력이 필요합니다.

주식에 대한 이해 부족으로 사람들이 주식투자에 적극적이지 않을 수 있기 때문에 각국 정부는 일반인들이 주식에 쉽게 접근할 수 있도록 세제 혜택 등의 제도를 통해 주식투자를 독려합니다. 한국도 퇴직연금, 연금저축펀드라는 좋은 제도가 있습니다. 주식에 직접 투자하기 전 본인의 퇴직연금과 연금저축펀드 계좌를 통해 주식형 펀드에 반드시 투자해야 합니다. 주식투자의 기본은 분산투자와 장기투자입니다. 펀드투자의 장점은 적은 돈이라도 분산투자가 가능하다는 점입니다.

아직도 너무나 많은 사람들이 주식투자를 단기간의 수익률을 좇는 것으로 이해합니다. 제가 만나는 사람들은 거의 다 수익률을 이야기합니다.

펀드나 주식에 투자하는 이유는 경제독립, 즉 노후 준비를 위한 것이 되어야 합니다. 마라톤을 뛰는 것과 흡사합니다. 단기간의 수익률에 연연하는 것은 마라톤을 뛰면서 100미터 기록에 집착하는 것과 같습니다. 몇 퍼센트의 수익률보다 어떤 펀드 혹은 어떤 주식을 몇 백 주 혹은 몇 천 주를 소유하고 있다고 말할 수 있어야 합니다. 펀드나 주식은 꾸준히 모아가는 것입니다. 훗날 은퇴할 시점에 그동안 모아둔 펀드나 주식의 숫자에 은퇴 시점의 가격을 곱한 것이 내 노후자금이 되는 것입니다. 아마 상당히 놀라운 금액이 될 가능성이 큽니다.

주식시장은 항상 일직선으로 우상향하지 않습니다. 때때로 폭등과 폭락을 거듭할 것입니다. 하지만 장기적으로는 우상향할 것입니다. 기업은 끊임없이 매출과 이익을 극대화하려고 노력하기 때문입니다. 매출과 이익이 증가하게 되면 해당 기업의 시가총액은 증가할 수밖에 없고, 그 증가한 과실은 주식을 소유한 투자자의 몫입니다. 단기간의 이익을 바라보고 매매를 자주 하는 사람은 큰 과실을 놓칠 가능성이 큽니다.

이 책을 처음 출판한 10여 년 전과 지금은 너무나 달라졌습니다. 주식은 멀리해야 한다고 생각했던 사람들의 인식도 변화했지만 투자 대상도 다양해졌습니다. 국내 주식뿐만 아니라 애플, 알파벳, 아마존, 테슬라 등의 새로운 회사들이 등장했고, ETF, TDF(생애주기형 펀드) 등 공부할 것이 많이 늘어났습니다.

하지만 주식투자의 본질은 변하지 않습니다. 오히려 펀더멘털 투자의 중요성이 더욱 절실해졌습니다.

과거 10년 전과 비교해볼 때 제 개인적인 변화도 엄청납니다. 2013년 미국의 자산운용사인 라자드(Lazard Asset Management)를 그만두는 쉽지 않은 결정을 하고 한국에 온 지 8년이 지났습니다. 8년 동안 전국을 돌면서 주식투자 전도사로 불릴 정도로 많은 강연을 했습니다. 2,000회가 넘는 강연을 하면서 너무나 많은 분들의 넘치는 사랑을 받았습니다. 코로나19로 인해 잠시 주춤하고 있지만, 대한민국의 금융 발전, 전 국민의 금융문맹 탈출을 위한 저의 의지를 꺾을 수는 없습니다. '소확행', '욜로', '헬조선'이라는 단어로 표현되는 부정적인 생각들이 더 이상 대한민국에서 발붙이기 힘들게 하는 것이 제 소망입니다. 금융만 조금 더 발전하면 대한민국의 미래는 정말 밝기 때문입니다.

이 책은 건전한 주식투자를 원하고 장기적인 노후 준비를 원하는 분들을 위한 책입니다. 특히 동학개미라 불리기도 하는, 적은 돈이지만 꾸준하게 투자하고 싶은 분들에게 도움이 되기를 진심으로 기원합니다.

2022년 1월

존리

들어가며

아직도 주식투자를 꺼리는 예비 투자자들에게

많은 사람들이 주식투자를 위험하다고 생각합니다.
이유를 물으면 대부분 주위에 주식투자를 통해 이익을 본 사람이 없어서라고 말합니다.

주식투자가 잘못된 것이 아니라 잘못된 주식투자를 했기 때문입니다.
주식투자가 위험한 것이 아니라 주식투자를 하지 않는 것이 위험한 것입니다.

우리의 노동력에는 한계가 있습니다.
우리가 쉬는 동안에도 자본이 일하게 해야 합니다.

이 책을 읽는 독자 여러분은 반드시 주식투자를 실천하시기를 바랍니다.
투자하기 가장 좋은 시점은 '지금'입니다.

감사의 글

어린 학생부터 대학생, 사회초년생, 아기 엄마, 주부, 노인까지 전국 곳곳을 다니며 강연하는 동안 많은 분을 만났습니다. 그분들은 주식에 대한 잘못된 인식을 바로잡게 해주어 고맙다는 말을 해주셨고, 초심을 잃지 않기를 바란다고 염려해주시기도 했습니다.
그렇게 많은 분을 직접 만나면서 제 삶의 목표는 대한민국 국민 한 사람이라도 더 경제적 자유를 누리게끔 도와주는 것이 되었습니다.

세월은 빠르게 흘러 제 두 아들도 사회생활을 시작했습니다. 탈 없이 자라준 아이들과 아내에게 고마움을 전합니다. 아내는 제가 초심을 잃지 않고 교만해지지도 않도록 저를 겸손하게 하는 역할을 게을리하지 않습니다.

마지막으로 뜻을 같이하는 메리츠자산운용의 직원들과 메리츠자산운용을 믿고 투자해주시는 고객 여러분 그리고 그 가족 모두에게 감사를 드립니다.

차례

CHAPTER 3

나는 이런 기업에 투자한다

CHAPTER 4

한국의 미래는 어디로 갈 것인가?

WHY INVEST IN STOCKS?

CHAPTER 1

주식투자는 꼭 해야 하는가?

STOCKS ARE NOT LOTTERY TICKETS

1. 보통 사람들의 유일한 '부의 창출' 기회

2. 주식투자를 꼭 해야 하는 세 가지 이유

3. 왜 장기투자를 해야 하는가?

1

보통 사람들의 유일한 '부의 창출' 기회

펀드매니저인 나에게 주위 친구들과 친지들은 종종 "어떻게 하면 주식투자로 큰돈을 벌 수 있는가?"라고 묻는다. 주식으로 큰돈을 버는 것은 얼마든지 가능하다. 오랫동안 수익을 낼 수 있는 좋은 회사를 골라 5년이고 10년이고 꾸준히 투자한다면 누구나 돈을 벌 수 있다. 이것이 주식투자의 매력이다. 그러나 일부 서적이나 사람들이 말하는 것처럼 단기간에 투자자금의 몇 배를 버는 비법은 없다고 생각해야 한다.

2021년 초 기준 우리나라 주식 투자자는 무려 1천만 명에 달한다고 한다. 주식투자 인구가 많은 만큼 주식투자에 관한 관심도 높다. 하지만 꾸준히 수익을 올리는 개인 투자자는 많지 않다. 기관 투자자 역시 마찬가지다. 주식이 어떤 것이고 주식투자는 어떻게 해야 하는가에 대한 정확한 이해 없이 잘못된 상식으로 투자하기 때문이다. 참으로 안타까운 일이다. TV나 신문에 실리는 주식투자에 대한 무책임한 조언들을 들을 때면 투자자들을 위험한 투자로 안내한다는 생각에 씁쓸하기까지 하다.

그러나 제대로 이해하기만 한다면 주식투자만큼 보통 사람들을 큰 부자로 만들어주는 것도 없다. 자본주의 사회에서 보통 사람들이 부를 창출하는 거의 유일한 방법이라고 할 수 있을 정도다. 샐러리맨이라면 특히 그렇다. 복권이라도 당첨되면 모를까, 매달 월급으로 생활하는 평범한 샐러리맨이 큰돈을 벌 기회는 거의 없기 때문이다. 왜 그럴까?

남대문시장에서 30년째 순댓국 장사를 하고 있는 아주머니가 계신다. 이분 아드님이 일류 대학을 졸업한 후 미국 유학까지 다녀와 대기업에 취직했다. 그런데 아직까지도 아주머니가 결혼한 아들 부부에게 금전적인 도움을 주고 있다고 한다. 이유는 간단하다. 아주머니는 열심히 장사해서 매출이 증가하면 그만큼 수익이 늘지만, 월급을 받는 아들은 다니는 회사의 매출이 늘어나도 수입이 늘지 않기 때문이다. 이것이 회사 주인과 직원의 차이다.

기업의 본질은 이윤을 추구하는 것이다. 따라서 기업의 주인은 직원이 떠나지 않고 열심히 일할 만큼만 월급을 준다. 절대로 그 이상은 주지 않는다. 우리나라뿐만 아니라 자본주의 국가라면 어느 나라 경영자든 마찬가지다. 따라서 평범한 샐러리맨이 부자가 되려면 월급이 아니라 기업의 이윤을 공유할 수 있어야 한다. 즉 주식을 가져야 한다. 꼭 자기가 다니는 회사의 주식을 고집할 필요는 없다. 무조건 주식을 사는 것이 중요하다.

한국 사람들이 근면성실하다는 것은 세계적으로 정평이 나 있고, 실제로 한국 경제가 성장하는 데 원동력이 되었다. 그러나 그 근면성이 노동에 국한돼 있다는 것은 안타깝다. 자본주의 사회에서 부를 축적하려면 부지런한 것으로는 부족하다. 노동력만큼 자본도 일하게 해야 한다. 크든 적든 어느 정도 자신의 자본을 축적했다면 그 자본이 다시 자본을 창출할 수 있도록 자본에게 일을 시켜야 한다. 보통 사람들이 자본을 일하게 하는 방법으로는 주식보다 좋은 것이 없다.

샐러리맨으로 일하는 동안에도 주식에 투자하고 있다면 고용주의 입장에 선 것이다. 회사의 성과는 무한히 증가할 수 있고 이는 주주의 몫이다. 그리고 직원들도 주주로서 그 성과를 공유하며 회사의 이익과 자신의 이익을 일치시키는 것이 자연스러운 문화다. 기업의 주식을 사면 누구나 주주고, 주주는 기업이 벌어들인 이익을 나눠 가질 수 있다. 주식을 갖는 순간부터 그 회사의 모든 경영진과 직원이 나의 부를 늘리려고 밤새 일한다니, 이 얼마나 즐거운 일인가?

맥주회사의 주식을 갖는 순간 여러분이 마시는 맥주에 대한 인식이 달라질 것이다. 삼성전자의 주식을 갖는 순간 국내는 물론 전 세계에 진출해서 일하고 있는 수십만 명의 삼성전자 직원들이 나의 재산을 불리기 위해 노력하는 것이다.

주식투자를 하지 않고 샐러리맨이 부를 쌓을 수 있는 방법은 거의 없다. 물론 부동산투자로 돈을 버는 사람도 많지만 부동산투자는 목돈을 필요로 한다. 그리고 주식에 비해 열심히 일하지 않는 자산이다. 주식투자는 목돈을 만드는 유용한 수단일 뿐만 아니라 매달 조금씩 사두는 것만으로도 나중에 큰돈이 된다.

노후를 생각한다면 젊을수록 특히 주식투자에 적극적이어야 한다. 샐러리맨이 월급만 모아 20년, 30년 후 은퇴에 대비한다는 것은 불가능하다. 월급의 일정 부분을 떼어 주식에 투자한다면 적어도 은퇴 후 재정적인 곤란을 겪지는 않을 것이다.

지속적으로 성장하면서 살아남을 기업의 주식을 사서 10년이나 20년을 기다리면 분명히 주가가 엄청나게 올라 있을 것이다. 자본주의 국가에서 주식투자는 현실적으로나 이론적으로 채권이나 은행 예금보다 수익률이 훨씬 좋을 수밖에 없다.

주식투자는 재테크가 아니라
라이프스타일이다.
월급의 일정 부분은 반드시 주식이나
펀드에 투자되어야 한다.

”

JOHN LEE'S THOUGHTS

QUESTION AND ANSWER

Q 주식투자는 노동력으로 정당하게 돈을 버는 것이 아니라 불로소득을 꾀하는 것인데, 그래도 투자를 해야 하나요?

A 주식투자는 불로소득이 아닙니다. 위험을 감수하고 내 돈이 가치 있는 회사에 투자되어 일하게 하는 것입니다. 육체적으로 일하는 것만이 일하는 게 아닙니다. 육체는 한계가 있습니다. 그러니까 가난할 수밖에 없어요.

유대인은 이를 이해하는 민족이고, 일본의 경우가 정반대 케이스입니다. 일본은 자본소득에 대해서 정당하게 번 돈이 아니라고 생각하는 사람이 대부분입니다. 일본 경제가 계속 경쟁력을 잃어가는 이유가 바로 이러한 잘못된 생각에 있습니다.

스스로 육체적으로 일해서 만들지 않은 부, 이른바 불로소득은 떳떳하지 않은 것이라는 해묵은 고정관념이 투자를 통한 부의 획득이나 증대에 강한 거부감을 갖게 합니다. 일종의 금융문맹이죠.

한국은 유대인처럼 자본이 나를 위해 일하게 하는 것을 당연시해야 합니다.

Q 개인 투자자는 외국인이나 기관들에 비해 정보가 없기 때문에 이길 수가 없다고 합니다. 그래도 주식투자를 해야 할까요?

A 주식은 전문가가 따로 있는 게 아니라 훈련의 문제입니다. 누구나 전문가가 될 수 있습니다. 단지 주변 사람들과 다른 생각을 할 수 있는 용기, 오래 투자할 수 있는 용기, 주식의 변동성에도 크게 걱정하지 않을 수 있는 철학이 중요합니다.

특히 많이 듣는 말이 "나는 펀드매니저에 비해서 불리하지 않느냐", "정보가 비대칭적이다"인데 잘못된 생각입니다. 이미 알고 있는 정보를 잘못 해석하거나 과잉반응하기 때문이지 정보가 없기 때문이 아닙니다. 오히려 넘쳐나는 단기성 정보들이 장기투자를 방해하는 경우가 비일비재합니다.

즉 정보가 부족한 게 아니라 정보를 잘못 해석하는 경우가 허다한 겁니다. 실은 정보가 너무 많고, 오히려 쓸데없는 정보 때문에 결정을 잘못 내리는 경우가 많습니다. 어차피 10년, 20년 투자할 텐데 어제의 정보는 그리 중요하지 않죠. 주식투자는 정보의 싸움이 아니라 참을성과 철학의 싸움입니다. 즉 시간에 투자하는 것입니다.

'주식시장에서 개미 투자자가 어떻게 이득을 볼 수 있겠느냐, 거대자본을 가진 투자자들과 상대가 안 된다'라는 생각도 널리 퍼져 있습니다. 아주 잘못된 생각입니다. 개인 투자자가 기관 투자자보다 더 똑똑할 수 있어요.

주식투자는 재테크가 아니라 라이프스타일입니다. 훈련이에요. 월급의 10%는 반드시 주식이나 펀드에 투자되어야 합니다. 한국에는 연금저축펀드라는 좋은 제도가 있으니 이를 이용한다거나, 퇴직연금을 원금보장성 투자 대신 주식형 펀드에 투자한다거나 하는 간단한 몇 가지만 실천해도 노후 준비를 충분히 할 수 있습니다.

2

주식투자를 꼭 해야 하는 세 가지 이유

주식투자를 하지 않는 미국의 앨 고어(Al Gore)가 대통령 선거에 출마했을 때, 상대 진영은 "주식에 투자하지 않는 사람이 나라의 경제를 어떻게 이해하겠는가?"라고 비꼬면서 공격했다. 주식투자를 하지 않기 때문에 경제를 이끌어가는 데 부적합할지도 모른다고 우려한 것이다. 이는 자본주의를 제대로 이해하는 사람이라면 당연히 주식투자를 해야 한다는 판단을 전제로 한다. 옳은 말이다. 자본주의 사회에서 부의 창출을 원하는 사람이라면 누구나 주식투자를 하는 것이 좋다.

합리적인 부의 재분배 수단

사실 가장 합리적인 방법으로 부가 재분배되는 수단이 바로 주식이다. 내가 오늘 소주 두 병 마실 것을 한 병만 마시고 그 돈으로 소주회사의 주식을 샀다고 가정하자. 내가 마신 소주는 내 회사의 매출과 영업이익을 증가시키고 주가를 올리는 밑거름이 된다. 다른 사람들이 마신 소주 역시 마찬가지다. 소주회사 직원들뿐만 아니라 소주를 마시는 많은 사람들 역시 내 자산을 불려주는 것이다.

주식투자는 이렇게 건전하고 좋은 것임에도 불구하고 "나는 주식투자를 절대로 하지 않습니다"라고 단언한 분도 있었다. 그 이유를 물었더니 이런 대답을 했다. "주식투자는 도박과 같은 것이라 애써 번 돈을 잃어버릴 수 있기 때문입니다. 그래서 저는 현금자산 100%를 전부 은행의 예금상품에 넣어두고 있어요. 절대 손해를 볼 염려가 없고, 이자까지 주니까요."

물론 이자율이 높건 낮건, 은행에 맡겨두면 원금을 손해 볼 확률은 거의 없다. 그러나 이런 시각은 자본주의 사회에서는 지극히 잘못된 인식이다. 인플레이션을 감안하면 원금

보장이 아니라 실질적으로 손실을 본 것과 마찬가지고, 장기적으로 주식투자는 은행의 이자보다 절대적으로 높은 수익을 안겨주기 때문이다.

만약 여러분이 투자한 회사가 1년에 9%의 수익을 올린다면 10여 년 후의 수익률은 대략 150%가 된다. 실제로 과거 100년 동안 미국 그리고 증권거래소가 문을 연 이래 한국의 주식시장은 모두 연평균 9% 이상 상승했다.

따라서 주식을 잘 골라서 5년이나 10년 정도 투자한다면 은행 예금보다 훨씬 높은 수익을 올릴 수 있다. 예를 들어 5,000만 원을 연 2% 이자로 10년 동안 은행에 넣어두었을 때 이자는 약 1,100만 원 정도에 그친다. 하지만 주식에 투자해서 평균 9%의 수익을 올린다면 수익금이 6,836만 원이 넘는다. 20년일 경우 격차는 더욱 커져서 은행 이자는 복리로 계산해도 2,900만 원이지만 주식투자 이익금은 3억 3,022만 원에 달한다.

게다가 10년 동안 주식시장이 제공하는 기회와 배당수익까지 생각하면 은행에 맡겨놓는 안일한 방법과는 10년, 20년 후 엄청난 수익률 격차가 생길 것이다. 어느 쪽을 선택해야 할지는 두말할 필요가 없다.

우리나라 속담에 '티끌 모아 태산'이라는 말이 있다. 좋은 말이지만 은행에 예금해서는 힘들다. 은행의 예금상품은 원금의 훼손이 없을 수는 있지만 시중금리 이상의 수익을 주지 않는다. 그리고 대부분의 시중금리는 이자소득에 대한 세금을 빼고 나면 손에 쥐는 금액이 아주 적다. 그러니 저축만으로 샐러리맨이 경제독립을 이루기는 불가능에 가깝다. 부자가 되고 싶다면 월급을 은행에 저축하는 것이 꼭 칭찬받을 일은 아니다. 은행이 든든하다고 생각하면 은행의 예금주로 만족하지 말고 은행의 주주가 되는 것이 훨씬 더 매력적이다. 결론적으로 은행에 예금을 하기보다는 은행의 주식을 사는 것이 장기적으로 현명한 방법이다.

주식회사의 매력

나는 인간이 발명한 가장 위대한 업적 중 하나가 바로 '주식회사'제도라고 생각한다. 주식회사라는 놀라운 제도는 무생물인 기업을 마치 하나의 생물처럼 살아 움직이게 하고 사업의 흥망성쇠에 따라 끊임없이 몸값을 바꾸게 만든다.

주식회사의 가장 큰 매력 중 하나는 소유권을 분산해서 가질 수 있다는 것이다. 좋은 사업 아이디어가 있다면 큰 자금이 없어도 투자자를 모집해 주식회사를 설립할 수 있다. 설립자금의 대가로 회사의 일부 소유권을 주고 소유 비율대로 수익을 나누면 되기 때문이다. 자본주의의 핵심이 여기에 있다. 여러 사람이 힘을 합치면 훨씬 큰 시너지를 낼 수 있다. 주식시장에서 회사의 소유권을 사고팔 수 있는 시스템을 만든 인간의 지혜가 경이롭다.

상장된 주식회사의 주주, 특히 소액 주주가 되기 위해 해야 할 일이라고는 주식을 사는 것, 즉 일정한 돈을 투자하는 것 외에는 없다. 하지만 누릴 수 있는 권리는 많다. 단 1주만 있어도 주주 명부는 물론 이사회 회의록, 정관, 재무제표를 열람할 수 있다. 신주를 발행하거나 중지하라고 요청할 수도 있다. 또한 배당금을 받을 수 있는 등 많은 권리가 주어진다. 얼마나 유리한 게임인가?

기본적으로 주주는 주식을 사는 것, 즉 일정한 돈을 투자하는 것 외에는 아무런 책임이나 의무가 없다. 최악의 경우 투자한 회사가 망하더라도 자신이 투자한 금액만큼 손실을 보는 정도에서 그친다. 물론 투자금액이 클 경우도 있겠지만,

투자액 이상의 책임을 지는 일은 없다.

만약 여러분이 친구와 동업해 사업을 한다고 가정해보라. 얼마나 많은 일을 해야 하는가? 사업자 등록을 하고 영업 장소도 물색해야 하며 영업점도 계속 오픈해야 한다. 사업자금이 부족할 경우 집을 담보로 대출을 받아야 할 수도 있고, 형제자매나 친척, 친구들에게 돈을 빌려야 할 때도 있다. 사업을 시작해서 이익을 창출하기까지는 결과가 불확실한 투자를 해야 한다.

사업하다가 망한 사람들이 많은 만큼 위험 사유도 다양하다. 사업이 잘되다가도 거래처가 잘못돼 부도라도 나게 되면 회사는 물론이고 집안이 휘청거린다. 물론 사업이 잘됐을 때 그 이익은 매우 크다. 사업에 성공할 수 있다면 사업을 하는 것이 좋다. 하지만 현재 한국과 같이 완전 경쟁 상태가 지속되고 자본과 기술이 앞서는 대기업이 슈퍼마켓 사업까지 진출한 상황에서 여간해서는 사업에 성공하기가 쉽지 않다는 사실을 염두에 두자.

자신이 직접 사업을 하면 사업이 잘못될 경우 끝까지 책임을 져야 하지만, 주식투자를 하면 회사의 사업이 잘되지 않거나 이익이 낮다고 생각되면 주식을 팔아버리고 다른 기업에 투자할 수도 있다. 이사나 직원이 제대로 일하지 않았다고 판단될 경우, 이들이 책임을 지도록 경영진에게 요구할 수도 있다. 보유 주식 수가 많으면 더 많은 권리를 가질 수 있다. 더 많은 주식을 사서 지분을 늘리거나 아예 회사를 인수해서 운영해볼 수도 있다.

하지만 개인사업은 사업이 잘못될 경우 회사뿐만 아니라 개인의 자산까지도 안전을 보장할 수 없다. 주식회사의 주주가 되는 일이 얼마나 유리한 입장인지 알 수 있다. 그래서 주식을 사는 것이 매력적이다. 의무는 적지만 혜택이 많은 사업, 주식회사에 투자하는 것이야말로 인간이 부의 축적을 위해 만든 최고의 발명품 아닌가!

한국 경제는 여전히 낙관적이다

나는 만나는 사람마다, 특히 젊은 사람들에게 주식투자를 적극 권유한다. 또한 한국에 투자할 것을 전 세계 많은 투자자들에게 권유한다. 한국 경제에 대해 아주 낙관적이기 때문이다. 그렇지 않다면 이 책을 쓸 이유가 없다. 한국 경제에 대해 비관적이면서 주식투자를 권하는 것은 어불성설이다.

내가 한국에서 태어나서가 아니라 전문 투자자 입장에서 한국에 대한 확신이 있기 때문에 만나는 사람들에게 기꺼이 한국 주식에 투자할 것을 권하는 것이다.

나는 27년 동안 투자 유치를 위해 전 세계에 있는 기관 투자자나 세계적인 재력가들을 만나고 다녔다. 일종의 한국 경제 전도사로, 영광스럽고 보람 있는 일이었다. 20~30년 전만 해도 외국인 투자자들은 한국에 대한 지식이 아주 부족했다. "북한에 투자하는 것이냐, 남한에 투자하는 것이냐?"라는 어처구니없는 질문에 맥이 빠진 적도 있다.

그러나 지금은 정반대다. 많은 투자자들이 한국의 미래에 대해 궁금해한다. 한국에 투자하는 것에 대해 조언을 부탁하기도 한다. 그리고 한국에 대한 지식이 웬만한 한국 사람보다도 훨씬 깊이가 있다. 참으로 격세지감이 느껴진다. 아직도 한국에 전혀 투자하지 않는 해외 투자기관들도 많지만 이것은 뒤집어보면 아직 한국 투자에 대한 여력이 충분하다는 뜻이기도 하다.

많은 한국 사람들은 오히려 한국 주식에 대해 부정적인 시각을 갖고 있다. 미국 등의 주식시장은 계속 상승했지만, 한국 주식시장은 박스권에 갇혀 있다고 한다. 당연한 결과다. 외국에서는 주식투자에 대해 부정적인 인식이 별로 없지만, 한국에서는 아직도 주식에 대해 부정적인 시각이 많이 존재한다. 미국에서는 퇴직연금의 주식 비중이 40%에 달하지만, 한국은 2.7%에 불과하다. 한국도 앞으로는 잘못된 투자문화가 변화할 것이다. 한국 주식시장은 희망적이다. 아직 싼 주식이 많이 있기 때문이다.

1) 뛰어난 인적 인프라와 인터넷 기반

물론 모든 투자자들이 나의 한국 경제 낙관론에 동조하지는 않을지 모른다. 하지만 한 가지 일치하는 부분이 있다. 바로 한국 사람의 우수성이다. 내가 살았던 미국 사회에서도 한국 사람들의 근면성과 영리함에 많은 점수를 주었다. 한국이 잘될 수밖에 없는 이유는 여러 가지가 있겠지만, 가장 큰 경쟁력은 바로 한국인들의 우수성이다. 기업탐방을 하면서 공장 견학을 해보면 한국의 미래가 피부에 와 닿는다. 직원들이 작업에 임하는 자세가 다른 나라와 다르니 생산성이 높을 수밖에 없다.

한국에 오기 전까지 나는 한국과 미국을 한 달씩 오가며 살았다. 지금도 미국, 특히 뉴욕은 내가 40년 전 처음 도착했을 때나 지금이나 별 차이가 없다. 한국은 한 달 만에 와도 올 때마다 무언가 달라져 있다. 세계 어디를 돌아다녀도 이처럼 빠르게 변하고 역동적인 사회가 없다. 지금 세대보다는 다음 세대가 더 잘살기를 원하고 현재에 안주하지 않기 때문이다. 외국을 많이 여행해보면 이런 한국인의 특성이 더욱 더 확연해진다.

우리나라 속담에 '사촌이 땅을 사면 배가 아프다'는 말이 있다. 그만큼 한국 사람들은 지기 싫어한다. 남보다 더 잘살고 싶어 하고, 자식교육도 남보다 잘 시키려고 하기 때문에 경쟁이 치열하다. 치열한 경쟁으로 인한 부작용도 있지만 경쟁하는 과정에서 서로 발전하기도 한다. 하지만 이제 생각의 변화가 절실하다. 앞으로의 세계는 우리가 과거에 경험한 것과는 비교할 수 없이 변할 것이기 때문이다.

한국의 교육열은 어느 나라에도 뒤지지 않는다. 한국의 경쟁력의 바탕은 교육열이다. 과거에는 일반적으로 젊은 사람들의 인생 목표가 학교 졸업 후 대기업에 취직해서 안락한 생활을 누리는 것이었지만 앞으로 젊은 사람들의 목표는 다양하고 구체적이어야 한다. 한국 젊은이들은 많은 돈을 벌기를 원하고 새로운 분야를 개척하겠다는 의지가 다른 나라에 비해 강해야 한다. 많은 젊은이들이 빌 게이츠나 워런 버핏이 되기를 꿈꾸어야 한다. 일률적이지 않고 다양한 목표를 가진 사람들이 많아야 한국의 미래는 밝을 것이다.

전 직장인 스커더(Scudder, Stevens and Clark)에 근무할 때의 일이다. 회사의 최고투자책임자였던 분이 어느 날 내 방에 와서는 한국 사람들은 정말 대단하다고 말했다. 집 근처에 한국 사람이 하는 세탁소가 있어 자주 가는데, 그분들의 자녀가 모두 좋은 대학을 졸업해 골드만삭스 등 미국인들이 원하는 최고의 직장에서 일하는 것을 보고 깜짝 놀랐단다. 평소에는 별로 관심을 갖지 않았는데, 한국 사람들을 다시 보게 됐단다. 본인 세대는 고생하면서 다음 세대의 성공을 위해 노력하는 한국 사람들의 의지에 모든 외국인들이 놀란다. 자신들은 전혀 그렇지 않기 때문이다.

미국에서 내가 살았던 동네는 테너플라이라는 작은 마을이다. 이곳은 뉴저지 주에서 학군이 좋은 곳으로 손꼽히는 동시에 세금이 엄청나게 비싼 곳이기도 하다. 2000년대 초 내가 이 마을로 이사를 갔을 때만 해도 한국 학생들이 그리 많지 않았는데 10여 년이 지나자 전체 학생의 30% 이상이 한국인이었다. 한국 회사 주재원이나 외교관 자녀들이 좋은 학군을 찾아 이사를 오기 때문이다.

이런 현상에 대해 좋고 나쁨을 논할 생각은 없다. 다만 다음 세대를 위해 부모들이 자신을 희생하는 문화는 한국밖에 없다는 것을 말하고 싶다. 높은 교육열, 높은 지적 수준, 이런 것들이 한국의 경쟁력이다. 다른 나라와 비교해서 교육열만큼은 확실히 우위에 있다. 이 우위를 어떻게 극대화할 것인가가 과제다.

과거에는 교육열이 한국의 발전에 이바지했지만 미래에는 성장 위주의 과도한 교육열이 한국의 발목을 잡을 수 있다. 경제적으로 어렵던 시절 부모들은 본인은 굶으면서도 자식들의 성공을 위해 최선을 다해 교육했고, 그 결과 자식들은 경제적으로나 사회적으로 성공했다. 하지만 이제 시험 점수 위주의 막연한 교육은 생명을 다했다. 세상은 너무나 빨리 변화하고 있다. 우리에게 익숙한 직업들은 사라지고 전혀 알지 못했던 직업들이 등장하고 있다.

우리의 생각과 교육관의 수정이 절실하다. 단순히 지식을 습득하는 것은 기계가 대체할 것이기 때문에 과거처럼 열심히 공부해서 좋은 대학에 가는 길만이 유일하다고 생각하면 뒤처질 수밖에 없다. 창의성을 기르는 교육이 절실한 이유다. 정말로 자녀의 경제적 성공을 원한다면 당장 사교육비를 주식(펀드)에 투자하기를 권한다.

이와 더불어 인터넷 강국인 것 또한 강점이다. 한국에서 온 손님들은 내 방에 있는 컴퓨터의 너무 느린 인터넷 속도를 보고 깜짝 놀라곤 했다. 인터넷에 관한 한 미국은 엄청난 후진국이다. 미국은 한국처럼 아파트가 밀집되어 있지 않아 광케이블을 깔려면 엄청난 비용이 들어간다. 그래서 한국처럼 빠른 인터넷은 엄두도 못 낸다. 빠른 인터넷을 통한 지식의 양과 습득 속도는 한국의 경쟁력이다. 외국 투자자들에게 한국의 가정주부들이 대부분 인터넷을 통해 주식투자를 한다고 소개하면 깜짝 놀란다.

인터넷에 관해서는 외국 기업을 벤치마킹할 필요가 없다. 우리가 선두그룹이기 때문이다. 지금은 물론 미래에도 인터넷을 이용한 부의 창출은 엄청나게 발생할 것이다. 그리고 그렇게 창출되는 파이의 큰 부분을 한국이 차지할 것이다.

그러나 안타깝게도 한국인들은 자신의 잠재력을 알지 못하는 경우가 많다. 다른 나라와 비교할 기회가 적은 데다 돈에 대한 오해와 항상 허리띠를 졸라매야 한다는 식의 논리가 국민들의 자긍심에 상처를 준 것 같다. 그래서인지 한국 경제의 앞날에 대해서 우리는 너무 비관적인 생각을 한다. 객관적인 시선으로 다른 나라와 비교해보면 한국처럼 매력 있는 나라를 찾기 힘들다.

2) 일본과 중국 사이는 지정학적으로 유리하다

'샌드위치론'이라는 말이 있다. 값싼 제품으로 세계 시장을 공략하는 중국은 우리의 기술력을 빠른 속도로 따라오고, 뼈를 깎는 구조조정과 대규모 연구개발 투자로 재도약하는 일본의 높은 기술력은 우리가 따라잡기 힘들어 두 나라 사이에 낀 우리나라 경제가 위기라는 주장이다. 일견 그럴듯한 말이지만 전혀 동의할 수 없다. 많은 사람들이 중국의 추격과 값싼 중국 제품의 시장 잠식에 대해 우려한다. 그러나 경제라는 것은 그렇게 단순하지 않다. 몇몇 노동집약적인 산업에서는 경쟁력을 잃을지 모르지만 경쟁력을 잃어버린 것에 연연할 필요가 없다. 한국은 한국의 강점을 살리면 된다. 가령 증권이나 보험 같은 금융업이나 인터넷 소프트웨어 산업 등 우리나라 사람들의 우수한 머리를 사용해야 한다.

많은 사람들의 우려와는 달리, 중국 경제의 확장은 한국 경제에 부정적인 요인보다는 긍정적인 요인으로 훨씬 크게 작용한다. 우리나라가 일본과 중국 사이에 있다는 것은 오히려 행운이다. 우리의 기술력이 빠르게 일본을 앞서고 있고, 중국이라는 거대한 시장을 지척에 두고 있기 때문이다.

20여 년 전에도 다수의 전문가들이 중국의 추격 때문에 많은 산업이 경쟁력을 잃어서 걱정된다고 말했다. 하다못해 이쑤시개까지 수입해야 하는 현실이 우려된다는 신문의 사설을 읽은 기억이 난다. 하지만 정말 걱정해야 할 일이었을까? 과거 10년 동안 얼마나 많은 한국의 기업들이 중국에서 돈을 벌었을까? 중국에서 이토록 많은 한국의 연예인들이 한류 바람을 일으킬지 어떻게 알았겠는가? 지금 돌이켜보면 10년 전의 우려가 정말 걱정해야 될 일이었는가? 아니다.

앞으로 10년, 20년 후 역시 마찬가지일 것이다. 중국은 한국과의 격차를 계속 줄였고 기술에서 한국을 추월할지도 모른다. 하지만 우리 능력으로 충분히 극복할 수 있다. 부가가치가 높은 산업으로 계속 진화할 것이기 때문이다.

이웃에 중국과 같은 경쟁자가 있으면 우리의 경쟁력을 키우는 데 도움이 된다. 중국의 경제 규모가 우리보다 훨씬 커진다면 그것 또한 나쁜 일은 아니다. 오히려 환영할 일이다.

우리가 생산한 제품을 판매할 큰 시장이 생기기 때문이다. 세계에서 세 번째로 넓은 국토와 14억의 인구를 가진 중국을 상대로 얼마나 장사를 잘하는가가 중요하다. 그러니 부가가치가 떨어지는 산업의 경쟁력을 잃었다는 사실에 연연하고 걱정할 필요가 없다. 노동집약적인 산업은 다 중국에 넘겨줘야 할지 모른다고 걱정하는 것은 하나만 알고 둘은 모르는 것이다. 일본의 경우와 마찬가지로, 우물 안의 개구리 같은 생각은 버려야 한다. 이미 미국이 자동차, 조선, 반도체 등을 우리나라에게 넘겨줄 수밖에 없지 않았는가?

이제 좀 더 부가가치가 높은 산업, 지식집약적 산업으로 진화할 때다. 예를 들어 중국보다 앞선 금융산업을 발전시켜 한국이 금융 허브가 된다면, 중국에 잃어버린 산업보다 10배, 100배 더 큰 기회가 주어진다. 제조업의 관점에서만 보면 안 된다.

제조업 경쟁력을 중국, 일본, 한국 등에 빼앗겼지만 미국이 지금도 막강한 국가로 남아 있는 이유는 금융산업의 경쟁력 때문이다. 미국은 자본 증가 속도가 노동 증가 속도보다 빠르다는 점을 이해하고 있다. 노동과 자본의 유연성이 미국 경쟁력의 원천이다. 한국이 살 길은 창의성을 가진 다양한 인재들을 양산하는 교육 시스템과 금융산업 육성에 있다.

지정학적으로도 우리는 절호의 기회를 가지고 있다. 중국이라는 거대한 시장뿐만 아니라 장기적으로는 북한이라는 호재도 있다. 만약 북한과의 관계가 좋아져 철도가 북한을 거쳐 중국까지 직접 통과한다고 생각해보자. 우리는 또 한 번 도약할 수 있다. 현재 남북관계가 경색되어 있더라도 훗날 통일이 된다면 단기적으로 혼란이 올지 모르지만 장기적으로는 한국의 기업들과 한국 경제에 엄청난 호재라고 생각한다.

가장 합리적인 방법으로
부가 재분배되는 수단이 바로 주식이다.

JOHN LEE'S THOUGHTS

QUESTION
AND
ANSWER

Q 주식투자 전에 내 집 마련이 먼저 아닐까요?

A 한국인은 자산의 70~80%를 부동산으로 갖고 있습니다. 외국에 비해 상당히 위험합니다. 미국의 경우는 약 30%밖에 되지 않습니다. 내 재산이 100억 원이라면 20~30억 원짜리 집에 사는 것이 문제가 되지 않겠지만, 젊은 사람들은 집에 집착할 필요가 없습니다. 그리고 월세에 대한 인식을 달리해야 합니다. 월세는 버리는 돈이 아니라 그 집에 살 권리를 사는 겁니다.

집을 사느라 가계부채도 상당합니다. 대출 때문에 노후 준비가 불안정해질 수 있고 만약 집값이 하락한다면 심각한 고통을 겪을 수 있습니다. 부동산 비중을 줄이고 주식의 비중을 늘려놓는다면 위험에 보다 유연하게 대처할 수 있습니다.

부동산은 근본적으로 일하는 자산이 아닙니다. 반면 주식은 일하는 자산이고, 부동산과 달리 소액으로도 투자할 수 있습니다. 부동산과 달리 매일매일 투자가 가능하죠. 현금화도 부동산보다 유리합니다. 부동산투자가 전부가 아니라는 점을 깨닫는 것이 필요합니다.

Q 주식은 원금 손실이 일어나고 큰 손해를 볼 수도 있어서 투자하기가 두렵습니다.

A 원금 손실을 큰 위험이라고 생각하는데, 어떤 투자든 투자에는 항상 리스크가 따르고 그에 대한 보상이 있는 것입니다. 은퇴 시에 찾는다고 생각하고 장기적으로 접근해야 합니다. 10만 원짜리 주식이 7만 원이 됐다고 실망하는데 훗날 시간이 지나 100만 원이 된다면 걱정할 일이 아닙니다. 리스크를 피하는 것은 투자가 아닙니다. 손해에 대한 두려움으로 변화를 원치 않는 사람들이 많습니다. 원금 손실이 두려워서 주식투자를 하지 않는다는 것은, 마치 다치는 것이 걱정돼 아무 일도 않고 집 안에만 있는 것과 다를 바 없습니다. 자본주의 사회에서 노동과 자본은 같이 일해야 합니다.

Q 출산율이 세계에서 가장 낮고 고령 사회에 접어든 한국의 경제는 앞으로 어떻게 될까요? 한국 회사에 계속 투자해도 좋을까요?

A 한국은 많은 어려움에 직면해 있습니다. 그럼에도 불구하고 한국의 미래는 희망적이라고 생각합니다. 높은 교육열과 근면성 등은 한국이 갖고 있는 절대적인 경쟁력입니다. 과열된 사교육을 지칭하는 것은 아닙니다. 외국에서 살다 온 제 관점에서 보면 우리나라같이 경쟁력 있는 나라가 없는데, 주변에서는 다들 희망이 없다고 얘기해요. '대학교 졸업했는데 취직은 잘 안 되고, 뭐 이런 나라가 다 있어?' 이런 식으로만 생각하죠. 잘못된 교육철학과 부정적인 생각을 바꿔야 해요.

오히려 우리나라 주식시장은 웬만한 다른 나라들보다 훨씬 매력적입니다. 이 매력적인 시장을 어렵게 만들고 침체하게 만든 당사자는 다름 아닌 우리 스스로입니다. 주식투자를 당연시하는 국민이 늘어나고 정부가 기업의 투명성을 높이는 노력을 게을리하지 않는다면, 국내 기업들의 가치는 높아지고 보다 많은 국민이 혜택을 보게 될 것이며 국가 경쟁력은 더 튼튼해질 수밖에 없는 선순환이 이뤄집니다.

3

왜 장기투자를 해야 하는가?

주식은 장기투자를 해야 한다는 말을 수없이 들었을 것이다. 맞는 말이다. 주식투자로 큰돈을 벌기 위해서는 반드시 오랜 기간 투자해야 한다. 그런데 개인 투자자들에게 아무리 장기투자를 하라고 해도 이해를 시키기는 쉽지 않다.

장기투자가 좋다는 이야기는 수없이 들어봤지만 마음에 와 닿지가 않는다. 주식은 단기간에 큰돈을 버는 수단이라는 관념이 너무나 뿌리 깊게 박혀 있기 때문이다. 하지만 단기에 큰돈을 벌려는 주식투자는 대부분 실패로 귀결된다. 운이 따른다면 도박으로도 간혹 큰돈을 벌 수 있다. 하지만 계속 운이 좋을 수는 없다. 한두 번은 가능할 수도 있겠지만 도박으로 큰돈을 벌었다는 사람은 어디에도 없다.

주식투자에 성공할 것인가 실패할 것인가의 여부는 유망하다고 판단한 회사의 주식을 산 다음부터 어떻게 행동하는가에 달려 있다. 많은 사람들이 매수한 순간부터 매도가격을 저울질한다. 그리고 주식투자를 잘한다는 사람들에게 질문을 한다. 주식을 매수한 사람이 하는 질문은 당연히 언제 매도해야 좋은가에 관한 것이다. 주식투자에 경험이 많다고 자처하는 사람들조차 주식투자는 매매 타이밍을 얼마나 잘 잡느냐에 달려 있다고 믿는다.

어떤 회사에 관해 낙관적인 결론을 내리고 주식을 샀을 경우 매도해야 할 경우는 크게 세 가지다.

첫 번째는 주가가 처음 살 때에 비해 과도하게 올라 그 회사의 실질가치보다 훨씬 더 비쌀 때다. 회사의 가치보다 주가가 너무 높게 평가되었다면 매도를 고려할 수 있다.

두 번째는 회사의 경영이나 영업에 예상치 못한 문제가 생기는 등 여러 가지 이유로 회사의 미래가치가 하락할 것으로 판단될 때다. 주식투자는 기업의 가치를 사는 것이고, 기업의 가치란 기업이 현재와 미래에 벌어들이는 이익의 합이다. 현재 시장에서 거래되는 가격보다 이 가치가 크다면 보유하는 것이고, 작다면 매도하면 된다.

세 번째는 매력적인 기업을 새로 발견했을 경우다. 항상 투자가 되어 있기 때문에 새로운 기업의 주식을 사려면 기존의 주식을 팔 수밖에 없다.

좋은 기업은 가치가 꾸준히 성장하는 기업이다. 나는 이런 기업을 찾으려고 노력한다. 인적자원이 훌륭하여 산업 트렌드를 선도하는 회사가 많고, 나라 경제가 꾸준히 성장하면 이런 기업들이 점점 많아진다. 이런 기업을 발견하면 장기투자해야 한다. 급히 쓸 돈이 필요해서 주식을 파는 것 외에는 주식을 매각할 이유가 없다.

만약 당신이 장사가 잘되는 가게를 인수했다고 가정해보자. 이 가게가 아주 장사가 잘된다면 당신은 인수비용의 20%나 30%의 이익만 남기고 팔겠는가? 바보가 아닌 이상 절대 그런 거래는 하지 않을 것이다. 주식투자도 마찬가지다. 내가 주식을 보유하고 있는 회사가 잘되고 운영을 잘하고 있다면 주식을 팔아서 이익을 실현할 이유가 전혀 없다. 사업을 잘하고 있는 회사의 주식을 파는 것은 장사가 아주 잘되는 가게를 약간의 웃돈만 받고 파는 것과 매한가지다.

가끔 TV를 보면 전문가들이 나와서 주식투자에 관해 조언을 한다. 물론 다 그런 것은 아니지만 눈살을 찌푸리게 하는 프로그램들이 종종 있다. 주로 '오늘의 투자전략'에 관한 것들로 현금 비중을 늘리라는 둥, 관망하다가 저점에 사라는 둥, 아니면 차트를 보여주면서 지금은 매수 시점이 아니라는 내용이 대부분이다.

반면 투자자들에게 정말로 필요한 사항, 예를 들어 회사의 펀더멘털이나 사업에 관한 조언은 지극히 적다. 물론 오늘의 투자전략을 알려주는 프로그램의 의도는 시청자들을 돕겠다는 것이겠지만 불행하게도 그것은 좋은 조언이 아니다. 하루나 이틀 사이에 기업의 가치가 달라질 리 없는데 오늘 하루의 전략이 어떤 의미가 있는가? 많은 사람들이 이런 조언을 하는 데 대해 나는 이해하거나 찬성할 수가 없다.

하루하루 매매전략을 세워 주식을 사고파는 것은 투자가 아니라 투기다. 매일매일 주식가격을 맞히기는 불가능하다. 불가능한 것을 맞혀서 수익을 올리려고 하는 것은 무의미할 뿐만 아니라 시간 낭비고, 수수료가 있기 때문에 손실로 이어질 수밖에 없다. 주식투자로 성공하려면 기업의 기본가치에 근거해서 투자해야 하고, 장기적으로 투자해야 한다. 상투적으로 하는 말이 아니라 이런 방식의 투자만이 성공할 수 있다.

내가 코리아펀드를 운용한 15년 동안 코리아펀드의 거래량 회전율(turnover ratio, 총투자금액 가운데 1년 동안 몇 퍼센트가 거래되었는지 보여주는 지표)은 10% 정도였다. 회전율이 10%라는 것은 1년 동안 전체 펀드자산 중 주식을 사고판 금액의 비율이 10%라는 뜻으로, 다른 말로 표현하자면 한 번 매수한 주식은 평균 10년 이상 보유한다는 이야기다. 그럼에도 불구하고 코리아펀드의 수익률은 오히려 코스피 상승률 대비 연평균 10% 이상을 꾸준히 초과했다.

사람들이 단기투자에 집착하는 것은 너무 많은 뉴스와 정보 속에서 주관적으로 생각할 여유가 없고, 기업에 투자하면서도 기업을 보는 것이 아니라 주식 시세의 흐름만 보기 때문이다. 날마다 바뀌는 주가만 보기 때문에 어떤 사업을 하는 기업인지, 어떻게 돈을 버는 기업인지, 경영진이 어떤 사람들인지는 관심이 없다. 이렇게 주가가 오르기만 하면 남들보다 먼저 팔아 단기수익을 올리고, 주가가 내리면 남보다 먼저 팔아 손실을 줄이겠다는 생각이라면 도박과 무엇이 다른가?

주식을 단기적으로 사고파는 것이 좋은 생각이 아닌 또 하나의 이유는 바로 수수료에 있다. 우리가 주식을 매매하면 각종 수수료가 붙는다. 예를 들어 매매수수료와 세금을 합쳐 0.5%를 내야 한다고 가정할 때, 200번 거래를 하면 수수료 총액은 0.5%×200=100%, 즉 원금만큼 수수료가 나가게 된다. 매매를 자주 할수록 수수료는 눈덩이처럼 불어난다. 마치 카지노에서 도박을 하는 것과 흡사하다. 누구나 '잭팟'을 터뜨리는 꿈을 꾸며 카지노로 가지만, 사실 카지노에서 잭팟을 터뜨릴 확률은 수백만 분의 일에 가깝다. 잭팟을 터뜨리는 한 명의 행운아를 위해 수많은 카지노 방문자들이 돈을 잃는다.

이론적으로 카지노에서는 결코 돈을 벌 수 없다. 확률 때문이다. 어느 카지노든지, 카지노를 개설할 때는 항상 카지노 측이 이길 확률을 고객들이 이길 확률보다 2%포인트 높게 세팅해놓는다고 한다. 이 수치를 다른 말로 표현하면, 카지노를 방문해서 게임에 한 번 베팅할 때마다 베팅금액의 2%가 카지노 측의 수익으로 돌아간다는 이야기다.

주식 거래를 할 때마다 거래금액의 일정 비율을 매매수수료로 내는 것과 다르지 않다. 이길 확률과 질 확률의 차이가 2%포인트면 큰 차이가 아닌 것 같지만 2%라는 수치는 사실 엄청난 차이를 불러온다. 10번 베팅하면 20%이고 20번 베팅하면 40%를 손해 보기 때문에 게임을 자주 하는 사람일수록 카지노 운영업체를 유리하게 해주는 셈이다. 주식도 마찬가지다. 자주 사고팔수록 수수료가 더 많이 붙어 결국 손해를 볼 수밖에 없다.

예를 들어 어떤 사람이 1,000만 원의 돈으로 하루에 한 번씩 주식을 사고팔 경우 거래일로 계산했을 때 열 달이면 거래횟수가 200번이 된다. 열 달이면 원금만큼 매매수수료가 나가게 되는 것이다. 미수까지 사용해서 하루에 한 번 이상 매매하는 사람들도 있는데 대부분의 경우 얻은 수익보다 나간 수수료가 더 많을 것이다. 이쯤 되면 증권사 수익을 위해 주식투자를 하는지 자신의 수익을 위해 주식투자를 하는지 헷갈릴 정도다. 자신이 빈번하게 매매를 한다고 생각되는 사람은 1년에 수수료를 얼마나 지불했는지 확인해보면 놀랄 것이라고 장담할 수 있다.

현명한 투자자는 주식을 자주 사고팔 이유가 없다. 주가를 예측해서 시세차익을 얻으려는 단기투자는 주식을 사는 사람과 파는 사람을 예측할 수 없기 때문에 위험하다. 하지만 장기적으로는 예측이 가능하다. 주식의 가격은 언젠가는 그 회사의 미래의 적정가치에 수렴하게 되어 있기 때문이다. 예측 가능한 것에 투자하는 것과 예측 불가능한 요행에 투자하는 것, 이것이 바로 투자와 투기의 차이점이다.

많은 이들이 투자를 한다고 하면서 실제로는 투기를 한다. 주식투자로 성공하는 사람보다 실패하는 사람들이 훨씬 많은 이유가 여기에 있다. 투자를 하기로 마음먹었으면 그야말로 '투자'를 해야 한다. 씨앗을 심어두고 싹이 나고 자라서 열매가 맺기를 기다리는 투자 말이다.

아직도 장기투자에 대해 확신을 갖지 못하겠다면 왜 장기투자를 해야 하는지를 확신시켜줄 다른 실례를 들어보자. 주식투자를 하지 않는 사람도 빌 게이츠와 함께 큰 자선사업을 많이 하는 세계적인 부자 워런 버핏을 잘 알고 있을 것이다. 피터 린치와 함께 가치투자의 귀재로 유명한 워런 버핏은 그 많은 돈을 대부분 주식투자로 벌었다.

버핏은 투자지주회사 버크셔 해서웨이(Berkshire Hathaway)를 이끌고 있는데, 만일 1984년에 누군가가 버크셔 해서웨이에 1만 달러를 넣어 두었다고 가정해보자. 지금 그 돈이 얼마나 불어나 있을 것 같은가? 무려 300만 달러다.

버크셔 해서웨이뿐만 아니다. 1992년 내가 코리아펀드를 맡아 운용을 시작할 때 2만 원 남짓했던 삼성전자의 주가가

2010년에는 80만 원을 훌쩍 넘었고 2018년 50:1 액면분할을 해서 주식 수가 50배 늘었다. 삼성전자 주식을 지금까지 갖고 있는 사람들은 전부 갑부가 됐을 것이다.

삼성전자 말고도 SK텔레콤이나 포항제철(현 POSCO), 삼성화재, 농심, 신세계 등 수십 배, 수백 배 오른 주식이 얼마든지 있고, 오랫동안 보유만 하고서도 큰 수익을 올린 사례는 이외에도 수없이 많다. 앞으로도 그럴 가능성이 있는 주식은 얼마든지 있을 것이다. 가지고만 있어도 5년, 10년 후에 회사가 성장하면서 저절로 부자가 되는 것, 이것이 바로 장기투자의 매력이다. 그런 종목을 열심히 찾는 것이 중요하다. 매일매일 주식을 사고파는 것에 시간과 돈을 낭비하는 것은 똑똑한 것 같지만 헛수고만 하는 것이다.

장기투자를 강조하면 간혹 이렇게 질문하는 사람들이 있다. "경제가 계속 좋아지면 상관없는데 만약 과거 일본처럼 20년 이상 대세 하락장이 오면 어떻게 합니까? 20년 전에 일본의 부동산이나 주식에 투자했던 사람들은 아직도 손해를 보고 있지 않나요?" 그러면 나는 이렇게 답한다. "만약 여러분이 한국의 10년 후, 20년 후를 어둡게 본다면 한국 주식에 투자하면 안 됩니다. 하지만 한국의 상황은 일본과 다릅니다.

당시 일본은 한국과 다르게 구조조정을 게을리했고, 아직도 금융에 대한 인식이 한국보다도 더 후진적인 면이 있기 때문입니다. 그리고 한국의 장래는 일본보다 훨씬 밝습니다. 그럼에도 불구하고 증시가 침체한다면 주식을 더 싸게 살 기회로 삼으면 됩니다."

IMF 외환위기 때를 예로 들면서 그보다 10년 전에 주식을 샀다면 10년 후에 휴지 조각이 됐을 거라고 지적하는 사람도 있다. 그때는 사람들이 전혀 예상할 수 없었던 기업들까지 도산했기 때문에 대부분의 투자자들은 당할 수밖에 없었다는 것이다. 물론 맞는 지적일 수 있다. 공부하지 않은 투자자들에게는 말이다.

IMF 기간 중 많은 기업이 파산했지만 내가 운용했던 코리아펀드가 투자한 기업들은 단 하나도 무너지지 않았다. 펀더멘털에 기초해서 투자했기 때문이다. 좋은 기업은 어려운 시기에 오히려 빛이 나고 가치를 증명한다. 부채가 많고 경영진이 투명성이 결여되어 있거나 똑똑하지 않은 기업은 위기에 쓰러질 수밖에 없지만, 부채가 적고 펀더멘털이 좋은 기업은 위기에 잘 견디고 오히려 좋아질 때를 대비한 투자를 한다. 이런 준비 덕분에 경기가 회복했을 때 다른 기업들보다 큰 차이로 앞서 달려나갈 수 있다.

사실 1997년 IMF 외환위기나 2008년 미국에서 시작된 금융위기도 주식을 초저가로 살 수 있는 엄청난 기회를 제공했다. 당시 주식에 과감하게 투자했던 사람들은 세월이 흐른 후 많은 돈을 벌었다. 그러니 여유자금이 생기면 무조건 주식을 사는 것이 정답이다. 주가가 떨어지면 주식을 싸게 살 수 있는 좋은 기회다. 여유자금으로 주식을 샀다면 지금 주가가 올라가고 떨어지고 하는 것은 아무런 의미가 없다. 10년이나 20년 후, 내가 은퇴해서 노후자금이 필요할 때 올라 있느냐가 중요한 것 아닌가?

주식은 전문가가 따로 있는 게 아니라,
훈련의 문제다.
주변 사람들과 다른 생각을 할 수 있는 용기,
오래 투자할 수 있는 용기,
주식의 변동성에도 크게 걱정하지 않을 수
있는 철학이 중요하다.

JOHN LEE'S THOUGHTS

QUESTION AND ANSWER

Q 장기투자를 해야 한다고 하는데, 장기라면 몇 년을 말하는 것일까요?

A 주식을 살 때는 팔 생각을 하지 말아야 합니다. 특히 아이들의 경우 지금 투자하면 적어도 30년 후에 찾는다고 생각하는 게 좋습니다. 경제방송을 보면 '오늘의 투자전략' 같은 걸 알려주고 온라인 사이트에선 '주식투자로 6개월에 1억 원 벌기' 등 온갖 전략을 쏟아내는데, 이러한 과도한 광고에 현혹되면 안 됩니다. 투자와 투기의 차이를 이해해야 합니다.

주식시장은 변동이 심하니 단기적인 주가 흐름에 연연하지 말아야 합니다. 가령 1년에 매출액이 10%, 20%씩 늘어나는데 이상하게 주가는 떨어지는 회사가 있다고 합시다. 하지만 이 회사의 펀더멘털이 훌륭하다면 주식을 팔아야 할 이유가 전혀 없습니다. 그것이 제가 말하는 장기투자입니다. 그래서 어떤 회사는 5년이 장기투자일 수 있고 어떤 회사는 20년이 장기투자일 수 있습니다.

만약 여러분이 어렸을 때 부모님이 맥도날드나 코카콜라 주식을 사주셨다면, 지금 엄청나게 큰돈이 되어 있겠죠. 앞으로도 그런 주식은 많을 거라고 봅니다. 주식은 장기적으로 갖고 있어야 합니다. 중간에 팔 수밖에 없는 상황이 오거나 생각지 못한 변수가 생겼을 때만 팔아야 합니다. 그게 바로 장기투자입니다.

Q 장기투자만이 성공하는 길일까요? 단기투자하면 안 되는 이유가 무엇인가요?

A 기업의 경영진과 직원들은 부를 창출하기 위해 열심히 일합니다. 내가 그 회사에 투자했다면 매출액이 늘어나고 이익이 증가하기까지 시간을 기다려줘야 합니다. 1년이 가고 2년이 가고 10년이 가는 동안 그들은 많은 부를 축적하겠지요. 주식을 사는 것은 그것을 공유하기 위함입니다. 그러나 대부분은 그렇게 생각하지 않고 단기적으로 샀다 팔았다를 반복합니다. 여러분은 트레이더(trader)가 아니라 인베스터(investor)가 되어야 합니다. 어떤 주식을 사서 20% 올라가면 팔고 또 20% 떨어지면 손절매하는 식으로는 절대 돈을 벌지 못합니다. 그건 현명한 투자 방법이 아니에요. 또 한 가지, 주식을 매매할 때는 각종 수수료가 붙습니다.

거래가 잦을수록 수수료도 늘어납니다. 돈을 벌기 위해서는 주식을 자주 사고팔 이유가 없습니다. 그렇기에 주가를 예측해서 시세차익을 얻으려는 단기투자는 매우 위험하죠. 하지만 장기적으로는 주가를 예측할 수 있습니다. 주식의 가격은 언젠가는 그 회사의 적정가치에 수렴하게 돼 있기 때문입니다. 좋은 회사라면 언젠가는 꼭 오릅니다.

Q 장기투자했다가 나중에 상장폐지되면 어떻게 해요?

A 많은 사람들이 오해하는데, 장기투자라는 것은 펀더멘털이 좋은 주식을 오래 갖고 있으라는 말이지 아무 주식이나 오래 갖고 있으라는 뜻이 아닙니다. 그렇다면 펀더멘털이 좋은 기업은 어떻게 알 수 있을까요. 이미 10년 전에 우리는 엘지생활건강을 샀습니다. 앞으로 잘될 것이고 경쟁자가 나오기 힘들 거라고 생각했기 때문입니다. 오랫동안 투자했던 철강회사나 전력회사는 과감하게 매각했습니다. 더 이상 펀더멘털이 좋지 않았고 성장 동력이 없다고 생각해서 매각했죠. 앞서 말씀드린 대로 팔아야 할 이유가 생겼기 때문입니다. 펀더멘털의 변화가 있는지 살펴봐야 합니

다. 장기투자한 주식이 손실이 날 수 있고, 심지어 상장폐지가 될 수도 있습니다. 그렇기 때문에 종목을 신중하게 선택해야 하고 기업에 대한 지속적인 관심이 필요합니다. 투자에 실패하는 경우는 대부분 스스로 공부하지 않기 때문입니다. 그래서 분기마다 나오는 기업의 영업보고서를 잘 챙겨 봐야 합니다. 매출액과 이익이 늘어나고 있는지 봐야 하고 경쟁사도 봐야 합니다. 산업 자체가 성장성이 있는지, 배당률은 얼마인지, CEO가 어떤 생각을 하는지도 살펴봐야죠. 전반적으로 봤을 때 좋은 회사라면 주가가 폭락해도 걱정이 없습니다. 그런 걸 모르니까 불안해지는 겁니다. 무작정 오래 들고 있을 게 아니라 분명한 이유가 있을 때는 매도해야 합니다.

Q 주식은 언젠가는 팔아야 하지 않을까요? 영원히 갖고 있지는 못하지 않나요?

A 많은 이들이 주식을 사자마자 언제 팔까를 고민하는데, 주식은 전제 조건이 팔지 않는 것입니다. 파는 것은 예외적인 일입니다. 팔 수밖에 없는 상황이라 파는 겁니다. 목표 수

익에 다다랐다고 파는 게 아니라 팔아야 하는 이유가 분명한 거죠. 가령 여유자금이 없는데 갑자기 돈이 들어갈 일이 생긴다면 팔아야겠죠. 그리고 지금 투자하고 있는 기업보다 더 좋은 기업이 생겼다면 이때도 처분하고 그쪽에 투자해야겠죠.

또한 세상이 변하는 경우입니다. 과거에는 내연기관 차량이 대세였으나 지금은 전기차로 흐름이 바뀌고 있어요. 엔진 관련 기업들에 투자했다면 매도를 고려할 수 있습니다. 살 때는 좋은 주식이었지만 세상이 변하고 환경이 바뀌어 그 회사가 더 이상 돈을 벌기가 힘들다고 판단되면 파는 겁니다. 예를 들어 제지업의 경우 컴퓨터와 스마트폰의 등장으로 신문, 잡지의 수요가 급격하게 줄어들었습니다. 10년간 제지회사의 주식을 갖고 있었더라도 매도를 할 수밖에 없습니다. 어떤 산업이건 부침이 있게 마련입니다. 어떤 산업에 구조적인 변화가 일어나고 있을 때 내가 투자한 회사가 적응하지 못할 것으로 판단되면 주식을 팔아야 합니다.

WHY INVEST IN STOCKS?

CHAPTER 2

생각의 차이가
큰 부의 차이를 만든다

DIFFERENT THOUGHTS MAKE A DIFFERENCE IN WEALTH

1. 쓰고 남은 것이 아니라 쓰기 전에 떼어놓은 돈이 여유자금이다

2. 퇴직연금, 연금저축펀드가 우선이다

3. 개별 주식보다는 펀드가 유리하다

4. 마켓 타이밍은 없다

5. 시장의 흐름은 내 매매 시점과 무관하다(Fully Invested)

6. 차트는 과거 사실일 뿐이다

7. 주주는 회사의 주인이다

1

쓰고 남은 것이 아니라 쓰기 전에 떼어놓은 돈이 여유자금이다

보통 주식투자라고 하면 적어도 수백만 원, 수천만 원의 목돈이 있어야 한다고 생각하기 쉽다. 그러나 주식투자는 거창한 돈을 필요로 하지 않는다. 가게에서 물건을 사듯 일상생활에서 쉽게, 자주 주식을 사라. 주식은 1주에 보통 몇 천 원에서 몇 만 원 정도로, 마음만 먹으면 매일 주식을 살 수 있다.

주식을 고르기 힘들거나 시간이 없다면 주식형 펀드를 사는 것도 좋은 방법이다. 사실 주식을 직접 사는 것보다는 갖고 싶은 주식을 담고 있는 펀드를 사는 것이 좋다. 적은 돈으로 매일매일 구입할 수 있다는 장점이 있고, 세금 혜택을 받을 수 있기 때문이다. 10년 전에 쓴《왜 주식인가?》에서는 주식을 사야 한다고 했지만, 이 책에서는 주식보다는 펀드를 사야 한다고 강조하기로 했다. 소액으로 주식투자를 하려면 펀드에 투자하는 것이 유리한데도 불구하고, 주식에 투자하기 위해 기존의 펀드를 매각하는 등 비합리적으로 투자하는 경우를 목격했기 때문이다. 그래서 나는 주식이라는 단어를 펀드로 바꾸어 부르기로 했다.

우리나라 사람들은 유난히 커피나 술 마시기를 좋아하고 자주 마신다. 술 마실 돈을 아껴서 주식형 펀드를 사라. 세 차례 마실 것을 두 차례로 줄이고 군것질이나 불필요한 쇼핑, 외식 횟수를 줄이는 것만으로도 얼마든지 주식을 살 수 있다. 금액이 크건 적건 상관없다. 아낀 금액으로 주식형 펀드를 사라.

중요한 것은 매일 밥 먹듯이 꾸준히 주식형 펀드를 사 모으는 것이다. 조금씩 아낀 돈으로 주식형 펀드를 1주, 5주, 10주…… 사 모으면 초반에는 많아 보이지 않지만 시간이 지날수록 내 펀드 계좌의 좌수는 수백 주, 수천 주로 불어난다. 주식배당과 배당금을 계속 재투자하면 아마도 5년, 10년, 20년이 지난 후에는 엄청난 부의 축적에 자신도 놀랄 것이다.

여유자금은 그 돈이 없어도 생활에 지장이 없는 돈이기 때문에 원치 않은 시점에 펀드를 팔아야 하는 압박을 받지 않는다. 여유자금이라고 하면 사람들은 흔히 열심히 저축해서 마련한 종잣돈 정도를 생각한다. 그래서 내가 주위 사람들에게 여유자금으로 투자하라고 하면 그런 여유가 없다고 한다.

하지만 여유자금은 꼭 이런 돈을 말하는 것이 아니다. 반드시 목돈일 필요도 전혀 없다. 그냥 내가 안 써도 될 돈을 모으면 금액에 상관없이 언제든지 여유자금이 된다. 펀드는 몇 천 원만 있어도 살 수 있기 때문이다.

반면에 내가 저축으로 모은 돈이라 하더라도 조만간 사용해야 할 돈이라면 그것은 여유자금이 아니다. 곧 입주할 아파트의 중도금이나 잔금, 자녀들의 학자금이나 결혼자금, 전세보증금 등은 용도가 명확할 뿐만 아니라 때가 되면 써야 할 돈이기 때문에 여유자금이 아니다.

가끔 인터넷 게시판을 보면 결혼자금이나 빌린 돈, 심지어는 등록금으로 주식투자를 했다가 큰 손실을 봤다는 이야기가 올라오는데 이는 잘못된 일이다. 심지어 카드빚을 내거나 증권사에서 빌려 투자하는 사람도 있는데 신용을 이용해서 투자를 할 경우 주가가 예상 시점에 예상한 만큼 올라주지 않으면 매매로 인한 손해와 매매수수료 손해, 이자 부담으로 인한 손해까지 보게 된다. 투자를 하려다가 돈을 벌기는커녕 빚쟁이가 되는 경우도 있다. 이런 투자는 크게 잘못된 것이다.

여유자금으로 투자를 해야 제대로 장기투자를 할 수 있고, 인내심을 가지고 기다릴 수 있다. 워런 버핏은 증권거래소가 10년간 문을 닫아도 그 주식을 가지고 있는 것이 행복해야 하지 그렇지 않으면 그 주식을 사지 말라고까지 했다고 한다. 이런 여유를 가져야 투자에 성공한다.

주식 혹은 펀드 투자를 하는 사람치고 팔고 나서 주가가 크게 올라 미리 판 것을 후회해보지 않은 사람은 없을 것이다. 당장 현금이 필요할 경우, 아무리 장기투자를 하고 싶고 주식(펀드)가격이 하락했더라도 팔 수밖에 없다. 이런 경우 대부분 몇 년 후에 자신이 팔았던 주식(펀드)이 더 높은 가격으로 거래되는 것을 보게 된다. 이렇게 되는 이유는 전적으로 여유자금이 아닌 돈으로 투자를 했기 때문이다. 투자자들이 범하기 쉬운 우(愚)는 단기간에 큰돈을 벌려는 욕심을 부리는 것과 여유자금으로 투자하지 않는 것이다.

주식(펀드)은 오를 것 같아서 사는 것이 아니라 소유하고 싶어서 사야 한다. 주식가격을 정확하게 예측할 수 없는 시장에서 여유자금의 위력은 크다. 저평가됐다고 생각되는 가격대에서 주식을 산 후에 기다리는 것은 말은 쉽지만 아무나 할 수 없는 일이다. 여유자금이 아니라면 불가능한 일이기도 하다. 주가의 움직임을 성급히 예상하고 여유자금이 아닌 돈으로 주식을 사는 일은 절대 하지 말아야 한다. 주가가 예측과 반대로 움직일 경우 그 대가는 엄청나게 크다.

여러 차례 강조하지만, 주식(펀드)투자는 멀리 보고 반드시 여유자금으로 투자해야 한다. 여유자금으로 투자를 해야 주가의 단기등락에 일희일비하지 않고 장기적으로 투자할 수 있다.

주식투자는 정보의 싸움이 아니다.
참을성과 인내의 싸움이다.

JOHN LEE'S THOUGHTS

QUESTION AND ANSWER

Q 소비하고 싶은 것을 꾹 참고 희생해서 부자가 되면 무슨 소용일까요? 그때그때의 작은 행복이 더 중요하지 않을까요?

A 요즘 사람들은 즐기는 삶을 굉장히 중요하게 생각합니다. 그러나 '소확행', '플렉스', '욜로' 같은 트렌드를 좇는 바탕에는 '나는 부자가 될 수 없어, 부자가 되려고 애쓰지 말자' 같은 생각이 깔려 있는 게 아닐까요. 해외여행을 안 가고 명품을 사지 않는 것을 어려워하면 안 됩니다. 더 큰 즐거움을 위해 포기할 건 해야죠. 이를 기회비용이라고도 합니다. 소비를 투자로 바꾸었을 때 누리는 행복은 소비를 통해 느끼는 행복보다 몇 배 더 크게 돌아옵니다.

돈을 쓰는 것에 대한 고민은 부자가 된 뒤에 해도 늦지 않습니다. 돈을 투자할 생각보다 소비할 생각을 먼저 하기 때문에 가난한 것입니다. 당장의 작은 행복을 위해 신용카드를 쓰는 것은 미래의 부채에 투자하는 것과 같습니다. 그러나 그 돈을 아껴 주식을 산다면 부채가 아닌 자산에 투자하는 것이죠.

미래를 생각하라는 것을 현재를 포기하라는 것으로 착각

해선 안 됩니다. 작은 즐거움보다 큰 즐거움을 위해 현명한 결정을 하라는 것이지 현재를 포기하라는 것이 아닙니다. 그건 인생에 대한 철학이에요. 어떤 사람은 부자처럼 보이기 위해 돈을 모아서 명품백을 사거나 비싼 외제차를 사고 어떤 사람은 주식이나 펀드를 사서 모읍니다. 두 사람의 차이는 어떤 생각을 갖고 삶을 살아가느냐에 있고 부자와 가난의 갈림길에서 다른 길을 가게 됩니다. 가령 지금 차가 없다고 해서 그렇게 불편할까요? 차를 살 돈으로 주식에 투자한다면 미래에 부를 누릴 수 있습니다. 즉 경제독립을 위해서는 부자가 되는 라이프스타일이 필수적입니다.

한국은 부자에 대한 편견이 존재합니다. 그리고 어차피 부자가 못 될 바에야 소소한 것에서 행복을 누리자며 가난을 정당화합니다. 하지만 우리에게는 자본가가 될 수 있는 좋은 제도가 있습니다. 주식은 누구나 살 수 있는 것이죠. 회사의 주인이 될 수 있다는 것입니다.

Q 모두 다 투자만 하고 소비를 하지 않는다면 경제가 죽지 않을까요?

A 가난해질 사람은 소비하는 것에서 즐거움을 얻습니다. 하지만 부자가 될 사람은 좋은 투자 대상을 찾았을 때 기쁨을 느낍니다. 부자는 자산을 취득하는 즐거움을 누리지만, 가난한 사람들은 부채를 취득하면서 즐거움을 얻습니다. 월급이 적다고 투덜대는 사람은 많은데, 정작 그들의 라이프스타일은 그렇지 않은 것처럼 보입니다. 비싼 가방이나 외제차를 산다든가 해서 부자처럼 보이려고 합니다. "내가 소비를 안 하면 국가 경제도 어려워지지 않을까요?"라는 말은 변명에 불과합니다. 그리고 국가 경제를 일으키는 데는 일반 개인의 소비보다는 투자와 재투자를 통해 국가 경쟁력을 키우는 게 훨씬 더 효과적입니다.

2

퇴직연금, 연금저축펀드가 우선이다

많은 이들이 자신은 주식을 살 만한 여유자금이 없다고 한다. 주식에 투자해야 한다고 하면 먹고살기도 힘든데 화를 돋우냐고 언성을 높이기도 한다. 이해는 하지만 지극히 잘못된 생각이다. 특히 직장인들은 투자할 자금이 이미 많다는 사실을 모르고 있다. 퇴직연금에 많은 돈이 쌓여 있고, 은행 예금 등 원금보장형 상품에 대부분의 돈을 넣어두고 있는데도 투자할 자금이 없다고 하는 것은 어불성설이다. 또한 연금저축펀드라는 좋은 제도가 있는데도 활용할 줄을 모른다.

주식에 투자하는 순서는, 개별 주식에 투자하기 전에 먼저 퇴직연금을 통해 주식형 펀드에 투자하는 것이다. 그리고 추가로 연금저축펀드를 통해 주식형 펀드에 투자해야 한다. 무시할 수 없는 금액의 세금 혜택이 있기 때문에 반드시 해야 한다. 가능한 한 1년 투자 한도액인 1,800만 원을 매년 채우도록 노력해야 한다. 연금저축펀드 계좌를 개설하고 당장 시작해야 한다.

JOHN LEE'S THOUGHTS

QUESTION AND ANSWER

Q 연금저축펀드는 펀드 이름인가요?

A 펀드 이름이 아니고 계좌 명칭입니다.

연금저축에는 은행의 연금저축신탁, 보험사의 연금저축보험, 증권회사나 자산운용사의 연금저축펀드가 있습니다. 이 중에서 노후 준비에 가장 적합한 상품이 연금저축펀드입니다. 연금저축펀드는 최소 5년을 납입하고 55세 이후에 인출하는 상품으로 다양한 세제 혜택을 제공하는, 노후 준비에 가장 적합한 상품입니다. 해마다 1,800만 원까지 납입할 수 있는데, 이 중 400만 원(50세 이상은 600만 원)까지는 13.2~16.5%의 세액공제를 받을 수 있습니다. 또한 이 연금을 운용해서 생긴 이익에 대해서도 연금 수령이 시작되기 전까지는 세금을 부과하지 않습니다. 일반 금융상품은 이자소득 발생 시 세금을 내야 하지만 연금저축은 연금 수령 시까지 세금을 내지 않는 과세이연으로 운용됩니다. 세금으로 납부해야 할 금액이 오히려 나의 노후를 위해 일하는 셈이니, 나에게는 무척 유리한 제도이자 엄청나게 좋은 제도입니다.

그런데 안타깝게도 연금저축 가입자가 인구의 20% 정도밖에 되지 않는다고 합니다. 나머지 80%의 국민들이 가입되지 않았다는 사실은 굉장히 잘못됐다고 생각합니다. 이미 가입한 경우도 대부분 연금저축보험인데, 높은 사업비를 감안하면 절대적으로 불리합니다. 연금저축보험에서 연금저축펀드 계좌로 이전해야 합니다(단, 해약을 하지 말고 이전해야 합니다). 아직 가입하지 않았다면 연금저축펀드 계좌를 개설해서 원하는 펀드에 가입하면 됩니다.

연금저축펀드는 장기적으로 고수익을 추구할 수 있고 자유로운 포트폴리오를 구성할 수 있습니다. 실제 수익률 평균을 보면, 연금저축신탁, 연금저축보험, 연금저축펀드 중 연금저축펀드가 7.75%(세액공제 후)로 가장 높습니다.

Q 연금저축보험을 연금저축펀드로 이전하려면 어떻게 해야 하나요?

A 개인연금에서 연금저축보험의 점유율이 약 70%로 가장 높습니다. 하지만 앞서 말했듯이 장기적으로는 연금저축펀드에 가입하는 것이 유리합니다.

연금저축보험은 사업비 명목으로 매달 7~10%의 금액을 제하고 난 나머지 금액을 적립금으로 운용합니다. 때문에 수익률을 고려했을 때, 가입한 후 원금에 도달하려면 최소 7년, 평균 10년 이상이 소요됩니다. 또한 2개월 이상 보험료를 납입하지 않으면 해당 계약이 실효되기에 부활 청약 절차를 통해 계약을 다시 살려야 하고, 월 납입액을 줄이면 부분 해지가 적용되어 해지환급금의 일부만 돌려줍니다. 반면 연금저축펀드는 납입이 유연해서 월 납입액을 조정할 수 있고, 납입을 잠시 중단하더라도 계약이 계속 유지됩니다.

현재 연금저축신탁이나 연금저축보험에 가입되어 있다면, 계약이전(계좌이체) 제도를 통해 연금저축펀드로 이전할 수 있습니다. 연금저축 계약이전 제도는 소득세법에 따라 세액공제나 과세이연 등의 세제 혜택을 유지하면서 다른 연금계좌로 이체하는 제도입니다. 기존에 받았던 세제 혜택을 그대로 유지하면서 불이익 없이 다른 금융기관으로 자유롭게 이전이 가능합니다.

신규 가입 회사에서 연금저축계좌를 개설하고 기존 가입 회사로부터의 계약이전을 신청하면 쉽게 이전할 수 있고, 비대면으로 한다면 비용도 크게 절감할 수 있습니다. 메리츠자산운용의 경우 직접 방문하지 않고 앱을 통해서 계약 이전이 가능합니다.

Q 변액보험은 연금저축펀드로 이전이 안 되나요?

A 변액보험은 연금저축보험이 아닙니다. 따라서 이전이 가능하지 않습니다.

3

개별 주식보다는 펀드가 유리하다

개별 주식보다는 퇴직연금, 연금저축펀드에 먼저 투자해야 한다고 앞에서 언급했다. 펀드는 투자 대상이나 투자 형태가 매우 다양하고 소액으로 투자할 수 있는 장점이 있다. 주식형 펀드에 가입하는 간접투자도 주식투자이기 때문에 주식투자의 모든 이점을 누릴 수 있다. 특히 펀드 가입이 직접투자보다 더 좋은 점은 적은 돈으로 폭넓게 분산투자를 할 수 있다는 점이다. 펀드 가입자 각자의 돈이 모여 큰 자금이 되고 이 자금으로 펀드운용사에서 다양한 기업에 분산투자를 하기 때문이다.

문제는 펀드에 가입하는 투자자들이 펀드에 대한 별다른

지식 없이 증권사나 은행 창구 직원이 추천하는 대로 가입하는 경우가 흔하다는 데 있다.

주식형 펀드는 주식에 투자하는 것이므로 펀드를 선택할 때는 일반 주식에 투자하는 것과 마찬가지로 투자하려는 펀드에 대해서 사전 연구를 해야 한다. 일반 주식에 투자할 때 해당 기업에 대해 신중하게 연구하고 관찰하는 것만큼 투자하려는 펀드에 대해서도 신중을 기해야 한다. 수수료는 어떤가, 환매 조건이 있는가, 펀드매니저는 어떤 사람인가, 회전율은 어떤가 등 체크해야 할 것들이 있다. 적립식이라면 특히 더 조심해야 한다. 앞으로 장기간 투자할 것이기 때문이다.

여러 체크 사항 중 특히 조심해야 할 네 가지만 언급하고자 한다.

첫 번째는 수수료다. 우선 연 2% 혹은 3%의 수수료를 내도 아깝지 않을 만큼 그 펀드의 운용 능력이 뛰어나느냐 하는 점이다. 매년 2~3%의 수수료를 내면 장기적으로 수익률에 큰 부담을 줄 수밖에 없다. 선진국에서는 인터넷을 통해 펀드에 가입하는 경우가 대부분이다. 수수료가 저렴하기 때문이다. 앞으로는 자산운용사가 비대면으로 직접 펀드를 판매하는 것이 대세인 시대가 올 것이다. 나와 메리츠자산운용은 한국 최초로 비대면으로 계좌를 개설하는 것을 도입했다. 편리함은 물론 수수료를 반으로 줄일 수 있다.

두 번째는 펀드매니저의 투자철학이다. 만약 여러분의 투자철학이 펀더멘털에 입각한 장기투자인데, 그 펀드매니저가 반대의 생각을 갖고 있다면 큰 문제다. 펀드매니저는 주식을 계속 사고팔려고 할 것이고 잦은 거래로 인해 발생하는 거래비용은 투자자들이 떠맡아야 한다.

세 번째로 그 펀드를 운용하는 회사의 운영 시스템을 눈여겨볼 필요가 있다. 펀드매니저가 장기투자의 철학을 갖고 있다 하더라도 회사가 매 3개월마다 평가를 하는 시스템을 갖고 있다면 그 펀드매니저는 단기 매매를 할 수밖에 없다. 내가 운용했던 코리아펀드의 운용사였던 스커더는 최소한의 평가기간을 3년으로 정해서 펀드매니저가 흔들림 없이 장기투자를 할 여건을 만들어줬다. 3년을 평가기간으로 하면 펀드매니저가 단기간의 주가 움직임에 연연할 필요가 없어지므로 소신 있게 투자 결정을 할 수 있다.

결론적으로, 펀드도 일반 주식을 고르는 것처럼 여러 가지 사항을 충분히 검토한 후에 투자해야 한다. 펀드를 주식처럼 사고팔기를 반복하는 것은 바람직하지 않다. 다만, 직접투자할 때 기업가치가 손상되면 매도하는 것처럼 펀드도 가입 당시와 상황이 달라졌다고 생각하면 다른 펀드로 옮겨갈 수 있다.

예를 들어 펀드매니저가 수시로 바뀐다거나 펀드의 현금 비중이 일정하지 않고 매니저의 재량에 의해 바뀐다면 장기적으로 투자하기에는 좋은 펀드가 아니다. 시장에서 비롯되는 위험뿐만 아니라 펀드매니저 혹은 그 펀드매니저가 속해 있는 회사의 위험도 투자자가 감당해야 할 투자 위험이기 때문이다.

워런 버핏은 증권거래소가
10년간 문을 닫아도 그 주식을
가지고 있는 것이 행복해야 하지,
그렇지 않으면 그 주식을
사지 말라고까지 했다.
이런 여유를 가져야 투자에 성공한다.
주식(펀드)은 오를 것 같아서 사는 것이 아니라
소유하고 싶어서 사야 한다.

”

JOHN LEE'S THOUGHTS

QUESTION AND ANSWER

Q 라임펀드 같은 잘못된 펀드를 보면 펀드에 가입하기가 두렵습니다.

A 라임 사태에 이어 옵티머스 사태도 터져 사모펀드에 대한 불신이 생겨 안타깝습니다. 사모펀드는 미국의 헤지펀드와 똑같습니다. 부자들을 상대로 하는 펀드로, 제약이 많은 일반 공모펀드와 달리 제약이 덜한 펀드입니다. 금융당국의 간섭을 받지 않고 좀 더 자유롭게 투자하기 위한 것이죠. 다만 기관 투자자나 손해를 보더라도 큰 부담이 없는 부자들에게만 판매되도록 설계한 것입니다.

왜 라임이나 옵티머스 사태 같은 일이 벌어졌을까요? 금융상품에 대한 이해 부족, 즉 공모와 사모의 차이를 인식하지 못한 데서 비롯됐다고 생각합니다. 이 역시 어렸을 때부터 금융교육이 제대로 이뤄지지 않았기 때문입니다.

라임펀드 같은 잘못된 투자를 반복하지 않으려면 추천하는 사람의 전문성을 신뢰하기보다는 내 자신이 전문가가 돼야 합니다. 내가 전문가가 되는 것은 생각보다 어렵지 않아요. 각자 금융지식이 있어야 잘못된 판단을 하지 않을 수 있습니다. 한 사람의 잘못된 지식이 금융문맹을 전염병처럼 옮기게 됩니다. 금융교육이 절실합니다.

Q 앞으로는 AI가 펀드매니저를 모두 대체할 거라는데, 펀드 매니저의 역할이 중요한가요?

A AI로 인해 사라지는 직업이 많아질 테고 자산운용사도 영향을 받을 수밖에 없을 듯합니다. AI가 운용하는 펀드상품도 많이 출시되고 있습니다. 하지만 AI가 펀드매니저를 대체할 수는 없을 거라고 생각합니다. AI가 생각하지 못할 변수가 너무나 많기 때문입니다. 가령 경영진의 자질이나 철학은 매우 중요한데 숫자로 나타낼 수 없는 변수입니다. 다만 데이터를 본다거나 단순히 리서치를 하는 것은 기계가 더 빠를 테니 애널리스트의 업무 중 상당 부분은 AI로 대체될 수 있지 않을까 생각합니다.

가령 메리트자산운용의 '시니어펀드' 펀드매니저는 사람입니다. 그런데 투자 기회를 찾는 일은 AI가 합니다. 즉 AI가 모은 데이터를 보고 투자 결정은 사람, 즉 펀드매니저가 궁극적으로 투자를 결정합니다.

4

마켓 타이밍은 없다

주식(펀드)투자로 성공하려면 주식투자를 해야 하는 명확한 이유와 투자철학을 갖고 있어야 한다. 시세차익만 좇는 단기적인 투자로는 성공할 수 없지만, 자신이 사업을 한다는 생각으로 주식투자를 하는 사람은 대부분 주식에서 큰 성공을 거둘 수 있다.

항상 투자되어 있어야 한다

시장이나 개별 종목의 모멘텀을 좇아 가장 적절한 시기에 주식을 사고팔려고 노력하는 것을 '마켓 타이밍'이라고 한다. 이론적으로 시장을 예측해 주가가 떨어졌을 때 사고, 올랐을 때 팔아 수익을 내는 방법이다. 그럴듯하고 합리적으로 느껴질 수 있지만 문제는 타이밍을 맞힐 수 없다는 것이다. 한두 번은 시장을 예측해서 매매 타이밍을 맞힐 수는 있겠지만 매번 맞아떨어지는 일은 절대로 있을 수 없다. 이는 내가 오랫동안 펀드매니저로 살아오면서 갖게 된 확신이다. 주가의 오르내림을 맞히는 것은 불가능하고 맞히려는 것 자체가 부질없는 짓이다. 그러나 대부분의 사람들은 불가능한 것을 맞히는 게임에 몰두하고, 매매를 잘하는 사람들이 전문가라고 착각한다.

오래전 뉴욕에서 한국으로 오는 비행기에서 한국에서 발행되는 경제신문을 읽은 적이 있다. 그 경제지에 한국에서 운용되는 펀드들의 수익률 랭킹이 실려 있었는데, 수익률을 살펴보던 나를 깜짝 놀라게 한 펀드가 있었다. 그 펀드의 주간수익률이 경쟁자들에 비해 월등히 높았던 것이다. 그 일주일 동안 시장은 약 10% 하락했음에도 그 펀드는 1% 정도밖에 하락하지 않았다. 낮은 하락률보다도 더 나를 놀라게 한 것은 그 이유였다. 펀드매니저가 펀드자금 중 약 80%를 주식을 사지 않고 현금으로 보유하고 있었던 것이다. 어떻게 고객이 주식에 투자하라고 맡긴 자산을 현금으로 보유하고 있을 수 있는가?

그 글을 쓴 기자는 펀드매니저의 판단에 많은 칭찬을 했던 것으로 기억한다. 하지만 사실은 대단히 잘못된 것이다. 만약 미국에서 펀드매니저인 내가 똑같은 방법으로 주식시장의 등락과 변화에 따라 현금 비중을 마음대로 조절했다고 하자. 그러면 나에게 투자를 맡긴 외국 투자자들은 아마 투자자금을 모두 회수해갈 것이다. 시장의 움직임에 따라 투자 상태 자체를 달리하는 것은 단기적으로는 그럴 듯하지만 장기적으로 결코 옳은 선택이 아니기 때문이다. 투자하라고 맡긴 돈으로 도박을 한 것과 마찬가지다.

주식투자를 할 때는 항상 현금이 아니라 주식으로 보유해야 한다. 급한 일이 생겨서 현금이 필요한 상황이 아니라면 현금 비중을 들쭉날쭉 바꾸는 것은 옳지 않다. 상황에 따라 현금 비중을 바꾸는 마켓 타이밍을 시도하는 것은 현명하지 못한 투자 방법이다. 투자자들이 주식을 사라고 맡긴 돈은 눈이 오나 비가 오나 항상 대부분의 자금이 투자되어 있어야 한다. 그것은 투자자들과 펀드매니저 간의 일종의 약속이며, 신뢰의 기반이다.

주가 하락이 우려된다는 이유로 주식을 팔고 80%나 되는 자금을 현금으로 보유한 것은 명백하게 잘못된 투자 방식이다. 만일 그 펀드매니저의 예측이 빗나가서 주가가 상승해버렸다면 어떻게 할 것인가? 불확실성에 돈을 거는 것은 투자가 아니라 투기다. 그의 하락률이 시장 하락률보다 낮았던 것은 운이 좋아서이지, 현명하거나 마켓 타이밍 예측 능력을 보유해서가 아니다.

개인 투자자들도 똑같은 어리석음을 범하면 안 된다. 현금 비중을 어떻게 조절하고 현금을 얼마나 갖고 있는가로 투자 수익을 내려는 것은 무모한 시도일 뿐만 아니라 위험의 종류를 늘리는 행동일 뿐이다.

중요한 것은 어떤 기업의 주식을 갖고 있느냐다. 나에게 돈을 맡긴 고객들은 나와 우리 팀의 한국 주식 분석 능력을 믿고 투자한다. 현금 비중 조절 능력을 보고 맡긴 것이 아니다. 은행 예금이 아니라 주식투자를 선택한 이상 좋은 종목을 고르는 데 모든 정력을 쏟아야 한다. 현금 비중을 어떻게 하느냐는 신경 쓸 필요가 없는 것이다.

한국의 개인 투자자들이 현금 보유 비중에 민감한 것은 단기투자 성향 탓이다. 많은 증권 전문가들이 현금 비중에 대해 조언한다. 조언을 하는 사람 스스로도 투자가 어떤 것인지, 즉 투자의 본질에 대해 이해를 전혀 못하고 있다는 이야기다.

앞에서도 언급했지만 주식투자란 나무를 심어 그 나무에서 나오는 열매까지를 모두 취하는 것이다. 하락이 예상된다고 주식을 팔아버리고 현금 보유 비중을 높이는 것은 홍수나 가뭄, 강풍이 온다는 일기예보 때문에 수확하기도 전에 심은 사과나무를 뽑아버리는 것과 비슷하다.

나와 나의 운용팀은 외국 유명 기관들의 자금을 운영한 바 있다. 자금을 맡기는 측에서는 한결같이 총자산의 3%나 5% 이상은 현금으로 갖고 있지 못하게 계약을 맺는다. 투자를 맡기기는 하되 투자자금의 자의적인 활용을 배제하는 것이다. 그 의도는 명확하다. 펀드매니저 재량으로 마켓 타이밍을 하지 못하게 하려는 것이다. 그 사람들이 바보가 아닌 이상 왜 그런 조건을 걸고 자금을 맡기겠는가? 마켓 타이밍으로는 장기적으로 돈을 벌 수 없다는 것을 너무나 잘 알기 때문이다.

사람들이 마켓 타이밍을 찾는 이유는 주가의 오르내림을 순간순간 맞혀 번 돈이 큰돈이 된다고 믿기 때문이다. 그러나 주식으로 돈을 버는 진짜 방법은 주가가 오르내림을 거쳐

10년, 20년 후에는 100배, 200배가 되는 주식을 찾아 투자하는 것이다.

투자기간이 길수록 좋은 주식에 묻어두는 것이 좋다

"어떤 주식이 오를 것인가?" 또는 "앞으로 1년 후의 주식시장은 어떻게 움직일까?" 이런 종류의 질문에 답하기란 쉽지 않다. 고심 끝에 답을 내놓는다고 해도 예상한 대로 주가가 움직인다는 보장은 없다. 따라서 이런 주제를 놓고 고민하는 것은 시간 낭비나 다름없다. 나 역시 이런 질문을 자주 받지만 주식투자에 대해 자신 있게 대답할 수 있는 것은 오직 하나다. 바로 "좋은 기업의 주식을 사서 오래 묻어두면 반드시 돈이 된다"는 것이다.

IMF 외환위기, IT 버블 붕괴, 9 · 11 테러, 2008 글로벌 금융위기 등을 겪고도 주식시장은 연평균 9% 이상 꾸준히 성장해왔다. 따라서 장기투자로 접근하는 한 주식보다 좋은 투자 대안은 없다.

게다가 한국 경제의 잠재력을 부인하는 사람은 없다. 우리나라 사람들뿐만 아니라 외국 금융회사나 전문가들 의견도 그렇다. 그 사실을 믿으면서 한국 주식을 외면한다면 크게 잘못된 것이다.

금융자산은 크게 저축상품과 투자상품으로 나눌 수 있다. 대표적인 저축상품인 은행 예금은 수익률은 낮지만 원금은 보장된다. 반면에 주식이나 채권, 투자신탁, 펀드로 대표되는 투자상품은 수익률이 은행이자에 비해 높지만 잘못되면 손해를 볼 수도 있다. 그러나 투자수익률이 낮은 은행 예금에 여유자금을 모두 넣는 것은 어리석은 일이다.

예금만 열심히 하는 것은 칭찬할 일이 아니다. 특히 투자자의 나이가 젊다면 더욱 그렇다. 앞으로 투자할 기간이 많이 남은 사람일수록 주식투자가 훨씬 더 유리하다. 복리로 오르는 주가는 투자기간이 길어질수록 눈덩이처럼 불어나기 때문이다.

따라서 가계자산에서 주식 비중이 클수록 미래에 부자가 될 확률이 크다. 그런데 우리나라 가계의 금융자산 가운데 주식 비중은 15% 정도다. 채권이나 투자신탁, 펀드까지 합해도 30%에 지나지 않는다. 반면 미국의 가계 금융자산은 투자상품이 70~80%를 차지하고 있으며, 예금 비중은 12% 정도밖에 되지 않는다. 미국인들은 한두 달 사용할 돈만 은행에 예금하고 나머지 자산은 모두 수익률이 높은 투자상품에 넣어두는 것이다.

1970년대까지만 해도 미국 역시 우리나라와 크게 다르지 않았다. 그러나 1980년대 401K로 대변되는 퇴직연금제도가 도입되면서 주식형 펀드가 각광받기 시작했다.

물론 당시 미국 기업들이 활발한 구조조정과 주주 중시 경영을 하고, 실력 있는 자산운용회사들이 나오고, 투자자에 대한 교육이 활발해진 점도 영향을 미쳤다.

그런데 일본의 경우 미국보다 훨씬 낮은 금리인데도 예금이 투자로 이동하지 않았다. 주식투자는 불로소득이라는 잘못된 인식 때문이었다. 더욱 큰 문제는, 주식에 투자하는 대신 부동산에만 집착하는 오류를 범했다. 그리고 그것이 지금 일본 경제에 걸림돌로 작용하고 있다. 1980년대 이후 활발하게 주식투자를 시작했던 미국과 지금의 일본을 비교해보자. 그러면 앞으로 우리나라 가계 금융자산이 어떻게 흘러가야 하는지 답이 나올 것이다. 한국 국민처럼 역동적인 국민이 없다고들 한다. 그런데 투자의 세계에서만큼은 아직 한국인의 영리함이 빛을 발하지 못하고 있다. 주식투자에 대한 인식 변화, 특히 장기투자에 대한 훈련이 필요하다.

꾸준한 수익을 원한다면 분산투자가 최선

주식투자건 부동산투자건, 투자란 항상 리스크를 동반한다. 아무리 성공 확률이 높은 투자라 할지라도 막상 리스크가 현실화되면 손해를 피할 수 없다. 따라서 리스크를 줄이는 것이야말로 투자 실패를 최소화시키는 가장 좋은 방법이다.

리스크를 줄여주는 가장 좋은 수단이 바로 펀더멘털에 대한 연구와 더불어 분산투자다. 업종별, 지역별로 여러 종목에 나누어 투자하면 내가 투자한 종목만 소외될 위험이 적어지고, 여유자금으로 오랫동안 꾸준히 주식을 사면 한두 종목의 주가 흐름에 노심초사할 필요가 없다.

업종별로 분산하려면 금융, 인터넷, 운송, 가구, 섬유, 의류, 운수창고, 자동차, 전기전자, 식음료, 반도체, 유통, 일반기계 등 각 업종별로 좋은 기업의 주식을 고루 사면 된다. 그러면 보유 종목들이 앞서거니 뒤서거니 하면서 꾸준히 상승하는 즐거움을 누릴 수 있다. 주가가 상승하거나 하락할 때, 모든 종목이 한꺼번에 오르고 내리는 일은 드물기 때문이다. 또 한국, 중국, 일본, 동남아, 유럽, 미국 등 지역별로 분산하는 방법도 있다. 그러면 일부 지역이 IMF 위기 같은 상황을 맞이해서 하락하더라도 다른 지역에서 손실을 완화시켜준다.

적립식 투자는 시간을 분산한 것이다. 주가가 오르든지 내리든지 꾸준히 일정액의 주식을 사면, 주가가 상승할 때는 수익률이 높아져서 좋고 하락하면 주식을 싸게 살 수 있어서 좋다. 상승했을 때 주식을 사서 하락했을 때 파는 우를 범하지 않을 수 있다.

그런데 우리나라의 주식 투자자들은 너무 고수익에 익숙해져 있어서 분산투자를 선호하지 않는다. 고수익이라는 달콤한 열매만 얻으려고 한다. 과거 한국이 고성장할 때 이자율이 연 10%에서 20%였기 때문인지도 모른다. 내가 아는 몇몇 투자자들도 한두 종목에 한꺼번에 투자해서 큰돈을 벌려는 생각을 가지고 있다.

물론 이론적으로 주식시장에서 단기간에 엄청난 고수익을 얻을 수 있다. 미국과 달리 한국 주식시장에는 상하한가 제한폭이 있다. 따라서 보유 종목이 상한가를 칠 경우 30% 수익이, 하한가를 칠 경우 30% 손실이 생길 수 있다. 하한가 종목이 움직이면서 상한가까지 갔을 경우 60% 수익도 이론적으로는 가능하다. 아주 가끔 그런 일이 실제로 벌어지기도 한다.

상한가나 하한가 종목이 아니더라도 하루에 몇 번씩 거래할 경우 높은 수익률을 올릴 가능성이 없지는 않다. 그래서 증권회사나 증권 사이트 등에서 상금까지 걸고 개최하는 수익률 대회에서 상위 입상한 사람들의 경우 단기간에 수천 퍼센트의 수익률을 올리기도 한다. 카지노에서 흔히 있는 수익률 게임과 비슷하다.

문제는 이런 단기 투자전략으로는 지속적인 수익을 올릴 수 없다는 데 있다. 주식투자로 성공하려면 한 번에 높은 수익률을 내는 것보다 꾸준하게 수익을 올리는 것이 중요하다. 주식투자로 세계 최고 수준의 부자가 된 워런 버핏의 경우도 1년에 약 18%의 수익률로 막대한 부를 축적했다. 바람직한 주식투자의 벤치마킹 대상은 수익률 대회에서 1등을 한 사람이 아니라 일희일비하지 않고 꾸준하게 부를 쌓은 사람이어야만 한다. 그래야 독자 여러분도 부자가 될 수 있다.

분산투자는 짜릿한 단기수익 대신 지속적인 수익을 가능하게 해준다. 투자금액이 크지 않고 매일매일 틈날 때마다 주식에 투자하려면 연금저축펀드 계좌를 통하는 것이 좋다.

JOHN LEE'S THOUGHTS

QUESTION AND ANSWER

Q 분산투자를 하려면 몇 종목에 투자해야 하나요?

A 15~20개 종목에 골고루 투자해야 합니다.

먼저 업종의 분산이 있습니다. 주가가 언제 오르고 언제 내릴지를 알 수 없듯이 어떤 업종이 상승하고 어떤 업종이 하락할지도 정확히 알 수 없습니다. 그래서 경기에 민감한 업종을 포트폴리오에 담았다면 경기와 무관한 업종도 담는 것입니다.

둘째는 지역의 분산입니다. 그동안 한국 주식에만 투자했다면 다른 나라 주식에도 투자해 위험을 분산합니다. 해외 기업을 분석하기 어렵다면 해외에 투자하는 펀드에 가입하는 것도 한 방법입니다.

셋째는 시간의 분산으로, 목돈이 없더라도 적은 돈이라도 매월 적립식으로 투자하는 방법입니다. 이때는 주가가 높은가 낮은가와 상관없이 정해진 시기에 정해진 금액만큼 매수한다는 규칙을 지켜야 합니다. '월급날, 급여의 10%' 식으로 정해두면 좋습니다. 시간의 분산은 어릴 때부터 시작하는 것이 유리합니다. 장기투자의 효과를 톡톡히 누릴 수 있기 때문입니다.

적은 돈으로 꾸준하게 투자하려면 개별 주식에 투자하기보다는 펀드에 투자하는 것이 좋습니다. 특히 연금저축펀드는 반드시 권합니다.

Q 지금 1억 원이 있어서 투자를 하려는데, 한꺼번에 투자하는 것이 좋을까요? 아니면 한 달에 일정 금액씩 나누어서 투자하는 것이 좋을까요?

A 한꺼번에 투자할지 여부를 결정하는 것은 돈의 성격에 달려 있습니다. 만약 5년 이내에 필요하지 않은 자금이라면 한꺼번에 투자하는 것이 좋습니다. 그렇지 않다면 은행에 예금하는 것이 좋습니다. 한 달에 얼마씩 나누어서 투자해 볼 수도 있겠지만 주식은 위험하니까 무서워서 1억 원이 있는데도 조금씩 투자하는 것은 올바른 방법이 아닙니다. 1억 원이 오랜 기간 잊고 살 수 있는 돈이라면 한꺼번에 투자해야 된다고 봅니다. 그리고 한 종목만 사는 것이 아니라 분산하는 것이 좋고, 개별 주식에 투자하기보다는 주식형 펀드에 투자하는 것이 좋습니다. 다시 강조하지만 연금저축펀드부터 시작하는 게 좋습니다.

Q 자산의 몇 퍼센트를 주식이나 주식형 펀드에 투자해야 할 까요?

A 외국에서는 보통 100에서 자신의 나이를 뺀 숫자가 주식 비중입니다. 만약 50세라면 주식 비중이 50%가 돼야 하는 거죠. 그 정도가 적정하다고 생각합니다.

주식은 단기적으로 변동성이 크기 때문에 나이가 들어갈수록 자산에서 주식의 비중을 조금씩 줄이는 것도 좋은 방법입니다. TDF(Target Dated Fund)에 투자하는 이유이기도 합니다.

Q 금에 투자하는 것은 어떤가요?

A 주식에 비해 금은 일하는 자산이 아닙니다. 반면 주식은 회사에서 계속 가치를 창출해내고 있으니 확장성이 있죠. 주식의 가격은 기업의 이익 창출을 통해 상승합니다.

특히 적극적으로 자산을 형성하기 원하는 젊은이들은 금보다 주식에 투자하는 것이 좋습니다.

5

시장의 흐름은 내 매매 시점과 무관하다(Fully Invested)

투자를 하되, 투자가 어떤 것인가를 제대로 이해한 후 바른 철학을 가지고 철저한 원칙을 거쳐 투자해야 한다. 특히 주식투자에 대한 나 자신만의 생각과 원칙을 가지는 것이 무척 중요하다. 생각의 차이가 주식투자의 성공 여부를 좌우한다. 그동안 누구나 당연한 것이라고 여겼던 것에 대해 물음표를 던지는 것, 자신이 과거에 옳다고 생각했던 것에 대한 재점검, 남들과 다른 결정을 할 수 있는 현명함과 용기, 이런 것이 주식투자에서 결정적인 차이를 만들어낸다.

시장의 우화

많이 알려진 이야기지만 가치투자의 창시자로 일컬어지는 벤저민 그레이엄(Benjamin Graham)의 '미스터 마켓(Mr. Market)' 우화는 이런 측면에서 시사적이다. 그레이엄은 투자에 대해 설명하면서 미스터 마켓이라는 가상의 투자자를 예로 들었다. 그레이엄의 비유는 다음과 같다.

당신이 어떤 사람과 거래를 했다고 가정하자. 그의 이름은 미스터 마켓이다. 그는 약간의 조울증 증세가 있어 매일 당신에게 그날 기분에 따라 주식을 어떤 가격에 사거나 팔겠다고 제안한다. 어떤 날은 전날보다 비싼 값에 팔겠다고 하고, 어떤 날은 전날보다 싸게 팔겠다고 한다. 또 어떤 날은 매매에 대해 무관심하다.

이렇게 미스터 마켓은 정상적 이성에 의한 판단보다는 그날그날의 분위기에 따라 매매가격을 제안한다. 덕분에 현명한 투자자는 좋은 매매 기회를 찾을 수 있다. 미스터 마켓의 가격이 비정상적으로 높으면 현명한 투자자는 갖고 있는 주식을 판다. 반대로 과도하게 낮은 가격이면 좋은 주식을 싸게 매수한다. 중요한 것은, 현명한 투자자는 주식의 가치를 스스로 판단해야 한다는 것이다.

그레이엄은 미스터 마켓의 행동이 잘못됐다거나 시장의 등락을 무시해야 한다고 말하지 않는다. 투자에 있어 뭔가 잘못되거나 잘되거나 하는 것들은 하나의 지표로서 나름대로 가치가 있다. 그러나 이런 지표에 의지해 투자하기에는 분명하고 커다란 한계가 있다. 이런 한계를 극복하고 진정한 가치를 찾아낼 수 있는 통찰력이 필요하다.

주식투자에 관해 자신만의 원칙을 가지고 현명하게 투자하는 사람이라면 누구나 확실하게 할인된 가격으로 주식을 살 수 있는 기회가 두 가지 있다.

하나는 모든 사람이 주가 폭락으로 공포심에 떨 때다. 대부분의 주식 투자자들이 이성을 잃고 매도 버튼을 누를 때, 주가 폭락 뉴스로 도배될 때가 바로 그런 시점이다. 이때는 외로운 매수자가 되어야 한다. 주가가 분위기에 휩쓸려서 과도하게 폭락할 때 매수한 주식은 당장은 조금 더 떨어질지 모르지만 조만간 수익으로 이어진다. 대부분 실제가치 이하로 빠지기 때문이다. 주식으로 돈을 벌기 위해서는 남들과 반대로 생각해야 한다.

두 번째 기회는 잘 알려지지 않았거나 주식 거래량이 적다는 이유로 기업가치가 우수한 주식을 투자자들이 외면할 때다. 이런 주식은 거래량이 적고 주가가 비정상적으로 떨어지기도 한다. 수급 불균형에 의해 비정상적으로 떨어지는 것이므로 과감하게 살 수 있어야 한다.

저평가된 좋은 기업 주식을 남들이 기업가치와 상관없는 이유로 꺼린다면 과감하게 매수할 수 있어야 한다. 남들과 다른 선택을 하는 것이 쉽지는 않지만 이런 것들을 익혀야 한다. 투자에 느긋해지자. 그러면 주식의 적정가치를 가늠하고 주식을 사거나 팔 수 있다.

오늘 산 주식이 며칠이나 한두 달 후에 올라야 한다는 생각을 아예 던져버려라. 과일나무를 심으면서 1~2개월 내에, 혹은 1~2년 후에 열매를 딸 것으로 기대하는 사람은 없다. 과일나무가 자라 열매를 맺으려면 여러 해가 필요하기 때문이다. 주식투자도 과일나무를 심는 것처럼 하라. 그러면 수년 후에 사과가 열릴 것을 확신하고 자라는 사과나무를 흐뭇하게 바라보듯, 가치를 믿고 산 주식을 느긋하게 보유할 수 있다.

누구나 급등과 급락 정도는 파악할 수 있다. 하지만 많은 투자자가 이미 급등한 후에 추가 급등을 기대하고 달려든다. 주식투자를 할 때 급등한 주식을 추격 매수하는 것만 피해도 손실을 볼 위험이 적어진다.

메리츠자산운용이 운용하는 펀드들이 보유한 종목 중에는 거래량이 많지 않은 것들이 있다. 작은 규모의 매물만으로도 주가가 폭락할 수 있지만, 펀더멘털에 자신이 있으면 이러한 주가의 흐름에 쉽게 놀라지 않는다. 메리츠자산운용의 펀드 매니저들은 오히려 어떤 이유로 주가가 폭락하면 좋은 매수 타이밍이라고 생각한다. 같은 금액으로 더 많은 주식을 사서 수익률을 높일 수 있는 절호의 기회인 것이다.

주식시장에 공포심이 가득할 때 주가는 본질가치를 훨씬 밑도는 수준까지 빠지는 경우가 대부분이다. 이럴 때는 대부분 주식을 사기에 좋은 때다. 경제가 망하고 기업이 무너지는 최악의 경우를 제외하고는 무조건 사야 한다. 기업의 가치에 변동이 없다면 과도한 폭락은 반드시 상승으로 다시 메워지기 때문이다.

예를 들어보자. 과거에 코리아펀드를 운용할 때 투자했던 한 기업은 2000년대 초반 분식회계와 비자금 조성 혐의로 경영진이 경영에서 물어나고 모기업과 그룹은 위기에 처했다. 당연히 계열사의 주가는 급락했고, 기업이 곧 무너질 것 같은 두려움 때문에 투자자들은 너나없이 매도 주문을 내기에 바빴다.

코리아펀드도 이 회사의 주식을 대규모 보유하고 있었기 때문에 매각 여부를 결정해야 했다. 그때 우리의 판단은 이 회사가 보유한 계열사의 지분가치만 따지더라도 청산가치(순자산가치)가 시가총액을 훨씬 웃도는 수준이었고, 주가 급락 사태는 오히려 기업의 지배구조를 개선하고 체질을 강화할 수 있는 기회가 될 수 있다는 것이었다.

나는 당시 분식 규모에 비해 주가가 과도하게 내려가고 있다는 사실에 주목했다. 분식 규모를 모두 탕감하는 데 필요한 자금을 감안하더라도 주가는 너무나 많이 추락하고 있었다. 주가가 급격하게 떨어졌지만 기업의 가치가 확실하다면 남들이 모두 팔 때가 기회인 법이다. 나는 남을 따라서 매각하는 대신 대규모로 추가 매수를 했다.

이런 판단은 결과적으로 옳았다. 당시 사태는 해당 기업에 약이 되었고 그룹의 질적인 변화를 이끌어내는 계기가 되었다. 경영진은 지배구조를 대대적으로 개선하고 경영의 투명성을 살리려고 노력했다. 동시에 계열사별 독립경영을 실현시키고 그룹의 지배구조를 지주회사 체제로 개편했다. 이런 노력을 통해 시장으로부터 신뢰를 회복했고 그룹의 경영이 더 탄탄해졌으며, 주가 역시 크게 상승했다.

남들과 반대로 가야 수익을 얻는다

주식에 관해 잘 모르는 사람은 어떻게 투자해야 성공 확률이 높을까? 첫 번째로 권하고 싶은 것은 대부분의 사람들이 가는 길과 다른 길로 가라는 것이다. 개인 투자자의 80% 정도가 손해를 보고 20%가량만이 수익을 올린다고 한다. 이 수치가 바로 80%의 사람들이 가는 길에 함께 휩쓸리면 안 된다는 것을 말해준다.

대부분의 사람들이 주식투자에 지나치게 낙관적이라면 이때는 시장을 부정적인 시각으로 볼 수 있어야 한다. 많은 사람들이 주식투자를 하고 주식투자를 싫어하던 사람들까지 증권회사로 달려갈 때가 있다. 이때가 바로 주식가격이 가장 비쌀 때다. 이때는 주식시장에 대한 전망 역시 장밋빛 일색이다.

반대로 많은 사람들이 주식투자로 망했다고 아우성일 때는 추가로 주식을 매입하는 것을 보다 적극적으로 검토할 필요가 있다. 주식이라면 지긋지긋해져 낮은 가격에도 주식을 팔아치우고 손을 털 때가 바로 주가가 가장 쌀 때다. 한국의 경우 많은 사람들이 주식투자를 시작했지만, 아직도 대부분의 사람들은 주식투자에 부정적이다. 내가 한국 주식시장을 매력적으로 보는 가장 큰 이유 중에 하나다.

그런데 불행하게도 개인 투자자들은 보통 이와 반대로 행동한다. 주식시장이 과열일 때는 주식을 공격적으로 사다가도 주식시장에 냉기류가 흐를 때는 남들 따라 주식을 판다. 과열됐을 때 비싼 가격을 주고 사서 주식시장이 가라앉아 주가가 떨어질 만큼 떨어졌을 때 더 떨어질 것 같은 조바심에 파는 것이다.

주가가 단기적으로 폭락하기라도 하면 너도나도 주식을 내던져서 팔리지도 않을 하한가 잔량이 수만, 수십만 주까지 쌓이는 것도 흔히 볼 수 있다. 마치 건물에 불이 나서 좁은 문으로 빠져나오려고 아우성치는 것과 비슷하다. 주식을 매수하기 전에 회사의 적정가치가 얼마인가를 판단하지 않았기 때문에 단기적인 주식가격에 늘 조마조마한 심정을 가질 수밖에 없는 것이다. 이렇게 투자를 하면 항상 성공한 주식투자와는 멀어지게 된다.

주식이 가장 쌀 때는 많은 사람들이 주식투자로 손해를 보고 주식투자하면 망한다면서 주식시장을 쳐다보기도 싫어할 때다. 반대로 가장 비쌀 때는 모든 사람들이 좋다고 할 때다. 모든 사람들이 사려고 할 때 주가에 거품이 생기고 모두 팔아치우려고 할 때 가격이 과도하게 떨어지는 것은 지극히 당연한데도 사람들은 이 사실을 너무나 쉽게 잊어버린다. 그래서 같은 실수가 항상 반복된다. "이번에는 정말 잘할 수 있어!"라며 지난번 실패를 만회하기 위해 주식을 사지만, 매번 비쌀 때 사서 쌀 때 파는 잘못된 투자습관을 반복한다. 이런 경우 투자 실패의 원인은 전적으로 본인에게 있다.

나는 주식투자에 관한 한 남들과 반대쪽으로 가는 것을 선호한다. 웬만해서는 남들이 가는 방향으로는 가지 않는다. 이유는 간단하다. 주식의 기본 원칙은 싸게 사서 비싸게 파는 것이다. 이것만큼 단순명쾌한 진리는 없다.

그렇다면 언제가 쌀 때인가? 많은 사람들이 주식에 관해 진저리치는 때가 가장 쌀 때고, 반대로 많은 사람들이 좋다고 달려들 때가 가장 비쌀 때다. 따라서 나는 주로 시장에 공포심이 가득해 모든 사람들이 주식을 버리고 떠나려고 할 때 더 많이 사들이고자 한다.

주식시장을 예측한다는 것은 불가능하다. 하지만 꼭 기억해야 할 것이 있다. 항상 투자되어 있어야 한다(fully invested).

자신만의 원칙은 반드시 필요하다

주식투자를 하려면 자신이 전문가라고 생각하는 용기를 가져야 한다. 나의 경우 알려지지 않은 좋은 주식을 발견하면 흥분이 된다. 다른 사람들은 아직 좋은 주식이라고 인정하지 않은 주식을 남보다 먼저 알았다는 사실에 기쁨과 만족감을 느낀다. 이런 주식에 장기투자하면 대부분 높은 수익률을 가져다준다.

나처럼 전문적인 펀드매니저뿐만 아니라 개인들도 조금만 노력하면 얼마든지 이런 기쁨을 누릴 수 있다. 다만 남의 의견에 의존해서는 절대 남보다 먼저 숨은 보석을 발견하는 기쁨을 느낄 수 없다. 모든 사람이 좋다고 인정할 때는 이미 주가가 많이 올라 있기 마련이다.

투자할 주식을 발굴하는 과정에서 꼭 당부하고 싶은 것은 절대로 주위 사람들의 조언에 영향을 받지 말라는 것이다.

많은 사람이 주식투자를 어려운 것으로 생각하고, 펀드매니저나 증권회사 직원 같은 전문가들이 자신보다 주식에 관해 더 많이 알고 있다는 선입견을 가지고 있다. 그런데 이런 선입견은 사실과는 거리가 좀 있다. 전문가들이 반드시 당신보다 많이 알고 있을 것이라는 선입견을 버려라.

전문가라는 사람들이 전부 주식에 관해 잘 알고 있지는 않다. 그저 당신보다 조금 더 투자 경험이 많고, 조금 더 훈련이 되어 있는 사람일 뿐이다. 그들이 매일 주식에 관련된 일을 한다고 해도 모든 상장회사에 관해 알 수는 없다. 당신이 관심을 갖고 있는 기업에 관해서라면 당신이 전문가들보다 더 많이 알고 있을 가능성이 높다.

따라서 전문가 말에 너무 의존하는 것은 오히려 해가 된다. 특히 경제신문이나 증권뉴스에 등장하는 전문가들의 말은 한 귀로 듣고 한 귀로 흘려라. 추천 종목으로 많은 사람들에게 알려졌을 때 덩달아 매수해서 수익을 낼 확률은 많지 않다.

게다가 그들은 본질적으로 당신을 도와줄 수 없다는 점을 깨달아야 한다. 주식투자에 관한 철학 자체가 다르기 때문이다. 특히 증권사 직원은 자신의 고객들이 매일매일 주식이나 펀드를 사고팔기를 원한다. 거래수수료가 수입의 원천인 까닭에 지극히 당연한 일이다. 일반 주식 투자자들과 증권사는 근본적으로 이해 상충 관계에 있다.

일반 투자자들이 필요 이상으로 주식이나 펀드를 사고팔기를 원하는 측은 매매수수료를 챙기려는 증권사 외에도 많다. 저가에 미리 사놓은 주식을 고가에 팔아서 수익을 올리려는 측도 적극적으로 뉴스와 매스컴을 활용한다. 이미 주가가 기업가치에 근접해 있거나 기업가치보다 비싼 주식을 팔기 위해 호재 뉴스를 내보내기도 하고 매수세가 많은 것처럼 시세를 조작하기도 한다. 그래서 일반 투자자들은 대부분 주식투자로 손해를 보는 것이다.

이런 사실을 알고 나면 왜 투자를 스스로 결정해야 하는지 알 수 있을 것이다. 증시의 흐름에서 의도적으로 '고립'되고 뉴스를 신경 쓰지 마라. '조언'에 너무 귀 기울이지도 마라. 너무 많은 조언들은 오히려 혼란을 부추긴다.

내가 아는 어떤 분은 스스로 찾아낸 방법으로 주식투자를 해서 큰 성공을 했다. 그분은 슈퍼마켓이나 대형마트의 진열대에서 가장 좋은 위치에 진열돼 있는 물건을 만든 회사에 집중했다. 특히 신제품이 들어와서 지속적으로 좋은 자리에 높이면 확신을 가지고 그 회사에 투자했다. 소비자의 반응이 좋은 상품을 만드는 회사에 투자하면 성공 확률이 높아질 수밖에 없다. 잘 팔리는 물건을 만드는 기업을 찾는 단순한 방법으로 부자가 된 것이다.

자신이 잘 아는 분야를 개척하면 그 분야에서만큼은 다른 사람에게 휘둘릴 필요가 없다. 자신이 하고 있는 일 중에서 기업의 가치를 평가하는 분야가 있으면 그 분야의 소양과 지식을 갖춰라. 그리고 그 결과를 활용해서 투자하면 큰 이익을 낼 수 있다. 예를 들어 거래하는 기업이 생산기술이 발전하고 불량률이 낮아지며 수주가 늘어나고 공장가동률이 높아졌다면 장기적으로 주식가격은 상승할 가능성이 농후하다.

주식투자는 변동성을 맞히는 것이 아니라
시간에 투자하는 것이다.
복리의 마법을 통해 부자가 되는 것이다.

JOHN LEE'S THOUGHTS

QUESTION AND ANSWER

Q 전문가들이 말하기를 목표가격(target price)에 도달하면 이익을 실현하고 가격이 15~20% 하락하면 손절해야 한다는데, 맞는 방법일까요?

A 목표가격에 도달했다고 해서 매도하는 것은 좋은 투자 방법이 아닙니다. 회사가 계속 돈을 잘 벌고 있다면 목표가격도 자꾸 상승하게 됩니다. 10만 원짜리 주식을 샀는데 목표가격인 15만 원까지 올랐다고 가정해보죠. 그러면 그 주식을 팔까요? 주식투자는 10% 혹은 20%의 수익을 얻으려고 하는 투자가 아닙니다. 10년 혹은 20년 후에 10배, 50배, 100배로 기업가치가 상승하기를 기대하는 장기투자입니다.

주식투자를 위해 꼭 갖추어야 할 것은 자신만의 확고한 투자철학입니다. '주식투자는 기업의 일부를 소유하는 것'이라는 생각이 중요합니다. 주식을 산다는 것은 그 회사가 발전할 때까지 오랫동안 기다리는 행위라는 것을 알고 투자해야죠.

따라서 주식투자에 가장 유리한 사람은 바로 우리 자녀들입니다. 20년도 기다릴 수 있고 30년도 기다릴 수 있죠.

반대로 10만 원에 산 주식이 8만 원이 되면 주변에서는 손절매하라고 이야기합니다. 내가 이 주식을 10만 원에 왜 샀을까요? 10만 원의 가치가 있어서 산 것 아닌가요? 그런데 8만 원이 됐다고 해서 파는 것은 이해가 되지 않습니다. 그 주식의 가치가 여전히 10만 원이라면 가격이 8만 원으로 떨어져도 큰 문제가 없습니다. 오히려 더 사야 하지 않을까요?

아직도 많은 사람들은 주식가격의 변동성을 맞히는 것이 주식투자라고 잘못 인식하고 있습니다. 실패로 귀결될 수밖에 없습니다. 투자는 변동성을 맞히는 것이 아니라 시간에 투자하는 것입니다. 복리의 마법을 통해 부자가 되는 것입니다.

Q 투자를 시작한 후 가격 변동에 너무 집착하게 됩니다. 가격 변동에 일희일비하지 않으려면 어떻게 해야 할까요?

A 수익률에 일희일비하는 사람이 주식을 꾸준히 모으는 것은 불가능에 가깝습니다. 주식투자의 유일한 목표는 노후 준비입니다. 노후 준비는 평생 해야 합니다. 매달 받는 월

급 일부로 주식을 사 모아 30년 후 수십억 원을 만드는 것이 정상적인 투자법입니다.

주식시장은 변동성을 수반하고 그건 누구도 예측할 수 없습니다. 우리의 영역이 아니라는 말입니다. 그런데 많은 투자자가 변동성에 맞서 가격을 맞히려 들고 단기 매매에 집착합니다. 그건 투자가 아니라 투기입니다. 당연히 성공하기 힘듭니다.

6

차트는 과거 사실일 뿐이다

대부분의 사람들은 주식투자를 '기술적 분석'에 의존하는 것 같다. 기술적 분석이란 과거의 주가 흐름과 패턴을 통계화해 미래의 주가를 예측하는 데 활용하는 것으로, 주로 차트에 많이 의존한다. 차트는 과거에 있었던 주가 흐름을 알려주지만, 미래를 예측하는 데는 크게 도움이 되지 않는다. 어떤 종목의 매매 결정에는 그 기업의 가치가 중요할 뿐 차트는 필요하지 않다. 차트라는 것은 말 그대로 '사후 사실'일 뿐이다.

주식투자에서 기업가치보다 중요한 것은 없다

차트의 불확실성에도 불구하고 경제뉴스나 증권방송을 보면 대부분의 주식 전문가들이 주가 차트를 많이 사용한다. 차트를 보면서 전문적인 용어를 사용해가며 분석하고, 향후 주가의 움직임을 전망하는 것이다. 현재 차트와 비슷한 모양을 가진 과거 차트를 근거로 삼아 "과거에 그래프가 이렇게 움직인 이후 상승세가 이어졌으니 이번에도 저점을 찍고 올라갈 것이다"라는 식이다.

물론 이런 전망을 듣고 투자에 응용해서 수익을 얻는 투자자들도 있을 것이고, 단기투자를 하는 투자자들에게는 필요할 수도 있다. 하지만 과거의 주가 움직임이 미래의 주식가격을 얼마나 예측할 수 있을까? 회사의 기본가치가 결국 장기적으로 주가를 결정한다는 사실을 반드시 기억해야 한다.

블룸버그나 경제 전문방송에서 주식에 관해 보도할 때 차트를 보여주는 경우도 적지 않다. 하지만 투자자들에게 '과거에 주가가 저렇게 움직여왔구나' 정도를 알 수 있도록 정보를 주는 선에서 그친다. 물론 미국에도 차트를 이용해 대중을 현혹하는 사람들이 있고, 차트를 보고 투자를 결정하는 사람들도 있다. 다시 한 번 강조하지만, 차트는 과거 주가가 어떻게 움직였는지를 아는 데는 도움이 되지만 미래 주가의 향방에 대해서는 별 도움이 안 된다. 회사의 펀더멘털에 관한 내용이 아니기 때문이다.

TV를 보면 가끔 증권 애널리스트들이 차트에 관해 열심히 설명하는 모습이 보인다. 하지만 나는 그 설명을 한 귀로 듣고 한 귀로 흘려버린다. 귀담아들을 이유가 없다. 정말 주가가 차트대로 움직인다면 얼마나 좋을까? 불행히도 주가의 단기적인 움직임은 아무도 알지 못한다. 그것을 맞힐 수 있다고 생각한다면 본인이 신이라고 오해하는 것이거나 거짓말쟁이다. 미래의 주가 움직임을 알려주는 것은 차트가 아니라 그 기업의 펀더멘털이다.

결론적으로 차트는 결코 주식을 사고파는 척도가 될 수 없다. 다시 강조하지만 주식을 팔아야 하느냐 사야 하느냐의 기준은 단 하나다. 바로 기업가치다. 아무리 좋은 주식도 비쌀 때 사서 쌀 때 팔면 손해를 볼 수밖에 없기 때문에 주식을 사고파는 기준 역시 기업가치다.

펀더멘털에 비해 주가가 너무 낮은 상태라면 그때가 매수 기회일 것이고, 이와 반대로 사람들이 너도나도 달려들어 주가가 기업가치보다 훨씬 높은 수준까지 상승했다면 다른 종목을 더 살펴보아야 할 것이다.

주식을 사고파는 타이밍을 제대로 잡는다는 것은 불가능에 가깝다. 일반 주식 투자자들은 물론 탁월한 실력을 지닌 펀드매니저도 항상 적절한 타이밍을 맞히지는 못한다. 그렇다면 어떻게 해야 적절한 매매 타이밍을 알 수 있을까? 여기에 대한 해답 역시 기업가치에서 찾을 수밖에 없다.

예를 들어 어떤 사람이 A라는 기업의 주식을 100원에 샀다고 가정해보자. 그는 A라는 기업의 가치를 분석한 결과 적정가치가 최소한 1,000원은 돼야 한다고 판단하고 목표 주가를 1,000원으로 정했다. 그런데 매입한 후에 예상보다 빨리 주가가 올라 순식간에 300원까지 상승했다. 이렇게 되면 대부분의 사람들은 큰 고민에 빠진다. '3배나 올랐으니 차익을 실현하고 팔까?'라는 유혹이 강렬하다. 게다가 상당히 올랐으니 다시 하락할지도 모른다는 우려도 한몫 거들게 된다. 이렇게 되면 실제로 상당수의 사람들이 우려와 유혹을 이겨내지 못하고 그쯤에서 정리한다.

하지만 그럴수록 기본으로 돌아가야 한다. 주가가 3배나 올라서 보유하기가 불안하다면 그때 다시 그 기업의 가치를 따져봐야 한다. 기업가치를 따져보고 여전히 저평가 상태라면 3배가 아니라 5배가 올랐더라도 계속 보유해야 한다.

이미 앞 장에서 설명했지만, 주식투자에서 가장 잘못된 습관 중 하나가 바로 마켓 타이밍을 좇는 것이다. 주식을 사고파는 것은 오로지 가치평가에 따라야 한다. 눈앞의 주가만 보면 오히려 싸게 살 기회를 놓치고, 또 고점에서 차익을 실현할 타이밍을 놓치는 것이 보통이다.

어떤 기업이 저평가됐다고 보고 주식을 샀을 때는 주가가 5배가 올랐든 반 토막이 났든 절대 가격 자체에 얽매여서는 안 된다. 항상 그 회사의 가치를 중심에 놓고 판단해야 한다. 물론 주가가 단기간에 많이 오르면 누구나 흔들리게 마련이다. 올랐을 때 팔아야 하는 것은 아닌지 고민하고, 반대로 주가가 단기에 급락하면 손절매를 고민하는 것이 대부분의 사람들이 주식투자에 실패하는 가장 큰 이유다.

하지만 그럴 때일수록 본질에 충실해야 한다. 계속 보유할 것이냐 팔 것이냐의 판단은 순전히 그 회사의 가치를 기준으로 해야 한다. 1,000원이 제 가격인데 300원에서 자꾸 팔고 싶어진다면, 차라리 주식시세표를 보지 말고 여행을 떠나는 편이 낫다. 그러다 보면 장기투자가 가능하게 되고 1,000원에 팔 수 있게 된다. 마켓 타이밍에 집착하는 사람들은 결국 돈을 잃게 되어 있다. 계속 타이밍을 맞힐 수는 없기 때문이다.

예를 하나 들자면, 코리아펀드를 운용하던 시절 펀더멘털이 아주 좋다고 판단하고 SK텔레콤과 함께 포항제철의 주식을 상당량 매입했다. 우리나라의 철강산업이 급속도로 발전하고 있었고, 철강업종에서 국내 1위 기업이었기 때문이다. 게다가 높은 수익률과 성장률, 저평가라는 삼박자를 고루 갖추고 있었다.

그런데 매입 후 전혀 예기치 못한 사태가 발생했다. 1989년에 한국산 철강 제품에 대해 미국에서 보호장벽을 쳤고, 이런 이유로 포항제철 주가가 출렁였다. 포항제철에 투자했던 많은 사람들이 반덤핑이 어떻고, 철강가격이 어떻고 하면서 주식을 팔았다. 1989년 9월 한 달 동안 주가는 18만 원대에서 13만 원대까지 출렁거렸고, 이듬해에는 6만 원 선까지 떨어졌다.

포항제철 주식에 대해 나 역시 고민할 수밖에 없었다. 그때 매도하더라도 수익은 충분히 올린 상태였지만, 우리가 계산했던 기업의 적정가치에 미치지 못했던 것이다. 반덤핑 사태가 기업에 어떻게 작용할지 판단하기가 어려웠다. 나는 당시 코리아펀드가 속해 있던 스커더의 철강 애널리스트에게 자문을 구했다. 그의 대답은 간단했다. "포항제철의 원가구조가 세계 철강회사 중 가장 월등하기 때문에 모든 철강회사들이 망해도 포항제철만은 살아남을 것이다. 게다가 주식가격도 가장 싸니 절대로 팔지 마라."

이럴 때 매도 여부의 기준은 바로 '기업의 펀더멘털이 여전히 좋은가?'다. 즉시 포항제철의 펀더멘털에 대한 재평가에 들어갔다. 포항제철은 여전히 세계에서 철강을 가장 싸게 만드는 회사였고, 설비투자도 가장 현대적일 뿐만 아니라, 한국의 자동차 · 조선업의 활황으로 자동차나 조선 업계 쪽에서 꾸준히 수요가 창출되고 있었다. 게다가 지리적으로 가까운 중국이 무서운 속도로 발전하고 있어서 장차 중국의 수요도 폭발적으로 늘어날 것이 확실했다. 뿐만 아니라 기업가치에 비해 주가가 낮았다.

모든 면에서 탁월한 경쟁력을 갖고 있는 마당에 반덤핑 이슈로 인해 주가가 폭락하는 것이 무슨 대수인가? 이렇게 좋은 기업이 일시적인 악재로 주가가 하락하면 그때가 오히려 사야 할 때고, 매도할 이유가 전혀 없다. 포항제철의 펀더멘털에 대한 확신을 얻은 나는 그 애널리스트의 조언을 받아

들여 공격적으로 주식을 매입했고, 내가 코리아펀드를 떠난 2005년까지 1주도 팔지 않았다. 15년 이상 보유한 것이다.

그렇다면 포항제철의 수익률은 얼마나 될까? 1991년 1월 3일 당시의 포항제철 주가는 3,000원이었다. 그런데 2010년 POSCO의 주가는 46만 4,500원이었다. 유·무상증자 등을 감안하지 않은 절대주가만 비교해도 19년 만에 155배가 뛰었다. 그야말로 놀라운 수익률이 아닐 수 없다. 만일 시세차익을 노리고 계속 사고팔았더라면 이런 수익률을 올릴 수 있었을까? 우리 팀은 훗날 POSCO의 경쟁력이 약해질 것으로 예상해서 주식을 매각하고 보다 효율적인 새 기업에 투자했다.

좋은 회사가 싸다고 생각해서 주식을 사기 시작했으면 보유하는 동안의 수익률, 특히 단기간의 수익률은 큰 의미가 없다. 단순히 10%, 20% 올랐다고 이익 실현을 하거나 20% 손해 보았다고 해서 손절매하는 사람은 현명한 투자자가 아니다.

종목을 교체하지 않더라도 보유한 종목에 대해서는 정기적으로 기업가치 점검을 해야 한다. 주식을 가지고 있다가 어느 정도 주가가 올라서 팔고 싶을 때도 마찬가지다. 장기적으로 투자하다 보면 주가가 떨어질 때도 있지만, 팔고 싶을 만큼 올라갈 때도 있기 마련이다. 주가가 오르면 당연히 팔고 나가고 싶은 생각이 든다. 물론 주식가격이 기업가치보다 비싸졌다면 팔 수도 있지만, 기업가치보다 싸다고 생각될 때도 팔고 싶은 욕망이 생긴다.

이런 유혹은 사실 주식 전문가들도 피해 가기 어렵다. 우리 팀이 2008년도에 7,000원대의 A라는 주식을 샀다. 그런데 매수 몇 달 후에 2만 원까지 상승해버렸다. 그러자 애널리스트들은 고민에 빠졌다. 몇 명은 팔아서 이익을 실현하자고 했다. 이는 우리가 정한 원칙에 명백히 반하는 것임에도 단기간에 급등하자 유혹을 느낀 것이다. 이럴 때일수록 자신이 정한 원칙을 지켜야 한다. 내가 왜 이것을 샀고, 얼마나 싸다고 생각하는지 처음으로 돌아가보는 것이다.

그래서 나는 그들에게 물었다. "팔자는 근거가 무엇인가? 가격이 기업가치보다 비싸서 팔자는 것인가, 아니면 주가가 3배 올라서 팔자는 것인가?" 그랬더니 대답인즉, 주가가 3배 올랐으니 팔자는 것이었다. "우리는 고객에게 마켓 타이밍을 좇지 않는다고 말하면서 왜 올랐다는 이유로 팔자고 하는가? 물론 시장 상황이 좋지 않은 마당에 주가가 오르니 팔고 싶어지는 것은 이해한다. 그렇다면 지금 주가가 비싸다고 생각하는가? 비싸다고 생각하면 팔아라. 이 주식을 처음 샀을 때 적정 주가를 얼마라고 판단했는가?" 그러자 "5만 원으로 판단했다"는 대답이 돌아왔다. 당연히 팔지 않는 것으로 결론이 났고, 그대로 보유하고 있었다.

그런데 주가가 3만 원으로 올라가자 또 회의가 열렸다. 역시 팔자는 이야기가 또 나왔다. 그래서 "파는 것은 상관 안 하겠다. 하지만 5만 원이 적정 주가라고 하더니, 아직 3만 원밖에 안 되는데 왜 팔자고 하는가? 왜 원칙을 지키지 않는가?"라고 했다. 그렇게 그대로 두었더니 4만 원대로 주가가 솟아올랐다. 아마 5만 원이 되면 또 회의가 열릴 것이고, 다시 기업의 펀더멘털을 따져보고, 비싸다고 생각되면 팔고 여전히 싸다고 판단하면 계속 보유했을 것이다.

주식투자는 이렇게 기업가치와 비교해가면서 매매 판단을 해야 한다. 의외로 개인은 물론이고 기관 투자자들도 펀더멘털에 입각하지 않은 투자를 할 때가 있다. 특히 이해가 안 되는 점은 개인이나 기관 투자자들이 주식가격이 20%나 30% 하락하면 손절매를 한다는 사실이다. 예를 들어 많은 기관 투자자들이 보유 종목의 주가가 30% 빠지면 무조건 판다고 생각해보라. 분석이 제대로 된 것이라면 30% 떨어지면 더 사야 하는 것 아닌가? 어떤 종목을 살 때 싸다고 생각하고 샀으면 그 가격에서 30% 하락하면 더 사는 것이 이치에 맞다. 이렇게 비상식적인 것이 바로 손절매다. 손절매를 한다는 것은 처음부터 주식의 가치를 보지 않고 투자했다는 것을 인정하는 것과 마찬가지다.

간혹 친구들이 "연말에 코스피지수가 얼마까지 갈 것으로 보느냐?"라는 질문을 한다. 대부분 나는 "모른다"고 말한다. 지수를 전망하는 것은 내 영역이 아닐뿐더러 시장을 전망한다는 것 자체가 의미 없다는 걸 누구보다 잘 알고 있기 때문이다. 내일의 코스피지수를 예측하는 것도 불가능한데 몇 개월 후에 시장이 어떻게 전개될지 도대체 누가 예측을 할 수 있단 말인가. 미국 서브프라임 모기지(비우량 주택담보대출) 부실 사태를 과연 누가 제대로 예측했나?

또 어떤 친구들은 묻는다. "외국인이 팔고 있는가, 사고 있는가? 팔면 왜 파는가? 아니면 왜 사는가?" 나의 대답은 당연히 "모른다"다. 진짜 모르기 때문이다. 그 많은 외국의 펀드매니저들의 생각을 내가 어떻게 알 수가 있는가?

많은 사람들이 알 수 없는 것에 집착하면서 시간을 낭비한다. 주가지수를 예측할 시간이 있으면 회사들의 펀더멘털을 공부해라. 그것이 훨씬 효과적이다. 그 회사가 미국에 있건, 중국에 있건, 한국에 있건, 그것은 문제가 되지 않는다. 주식 투자의 성패는 그 회사가 장기적으로 돈을 잘 벌 수 있는가에 달려 있다.

한국에서는 많은 사람들이 시장을 예측하려고 한다. 하지만 세계적인 경제신문인 〈월스트리트저널〉이나 〈파이낸셜타임스〉만 해도 단기적으로 주가나 지수를 예측하는 기사는 많지 않다. 하지만 한국의 신문들에 나오는 주식 관련 기사의 열 개 중 일고여덟은 단기적인 주가나 지수 전망이다. 이러한 현상은 아마도 투자자들의 단기투자 성향과 무관하지 않을 것이다. 단기투자 문화가 대세를 이루는 탓에 단기전략이 필요하고, 그 필요를 충족시키기 위해 단기 시장 전망을 내놓는 것이다.

그런데 한편으로 생각하면 투자자들이 단기투자 성향을 가지는 이유는 소위 전문가라는 사람들 탓도 있다. 제대로 된 투자 마인드를 심어주려고 노력하지 않고 있기 때문이다. 내가 이 책을 쓰게 된 이유도 바로 여기에 있다. 한두 명이라도 제대로 투자 마인드와 투자 방법을 주장하고, 그 주장을 귀담아듣고 동조하는 사람이 늘어나게 되면 언젠가 한국 사회 전체가 바뀔 것으로 믿는다.

누누이 말하지만 주식투자를 제대로 하려면 단기투자에서 관심을 거둬라. 현저하게 싸게 거래되고 있는 좋은 회사를 찾는 데 관심을 쏟아라. 기업지배구조가 개선되면 장기적으로 그 회사가 제값을 받으리라는 확신을 가지고 투자해라. 보유한 주식에 대해서는 꾸준히 펀더멘털을 점검해서 기업가치에 비해 과도하게 비싸다고 생각되면 다른 종목으로 전환하고, 아무리 올랐어도 기업가치 대비 저평가되었으면 꾸준히 보유해라. 그것이 바로 실패를 줄이는 주식투자의 비법이다.

주식투자의 유일한 목표는 노후 준비다.
노후 준비는 평생 해야 한다.
매달 받는 월급 일부로 주식을 사 모아
30년 후 수십억 원을 만드는 것이
정상적인 투자법이다.

JOHN LEE'S THOUGHTS

QUESTION AND ANSWER

Q 주식의 가격과 기업의 경쟁력은 무슨 관계인가요?

A 어느 기업의 시가총액이 200조 원인데 주가가 올라서 300조 원이 됐다면, 이 기업의 경쟁력 또한 크게 향상된 것입니다. 자금조달비용이 크게 줄어들어 기업 실적이 좋아지기 때문입니다.

가령 테슬라는 연간 전기자동차 생산량이 100만 대도 안 됩니다. 하지만 투자자들이 테슬라의 성장 가능성을 보고 주식을 사면서 시가총액이 급격하게 불어났습니다. 현대자동차는 2021년 전 세계에서 자동차 390만 981대를 팔았습니다. 테슬라는 93만 6,172대를 팔았습니다. 2022년 1월 21일 기준 시가총액을 보면 테슬라는 1,194조 4,195억 원, 현대차는 42조 6,268억 원입니다. 판매량은 현대차가 4배 많지만 시가총액은 테슬라가 28배 많습니다. 시가총액이 커지면 자본조달비용이 낮아지고 경쟁력이 향상됩니다. 한국 기업의 시가총액이 커지면 경쟁력이 증가합니다.

한국 최고 기업인 삼성전자가 아무리 좋은 실적을 내도 투자자들의 외면으로 시가총액이 작다면 경쟁력이 떨어지게 됩니다. 반면 투자가 원활하게 이뤄지면 한국에서도 테슬라 같은 기업이 나올 수 있습니다.

주식의 가치가 올라가면 전 세계의 많은 인재들을 고용할 수 있습니다. 주식으로 보상할 수 있기 때문이죠. 또 인수합병(M&A)이 자연스럽게 이뤄질 수 있습니다. 테슬라도 자신의 원천기술로 전기차를 만드는 게 아닙니다. 주식의 가치가 올라가면서 생긴 시가총액의 힘으로 경쟁사나 새로운 기술을 가진 회사를 합병할 수가 있습니다.

Q 한국 주식에만 투자하고 있는데 미국 주식에도 투자하려고 합니다. 비중은 어떻게 해야 할까요?

A 어떤 주식이 더 좋다고 말할 순 없습니다. 개인의 성향입니다. 한국 시장에 애착이 가는 건 기회가 많은 시장이기 때문입니다. 국민 대부분이 주식에 부정적이었고, 퇴직연금에서 주식의 비중도 세계에서 가장 적습니다. 지속적인 금융교육을 통해서 주식투자의 중요성을 깨달을 때가 곧 도래하리라고 봅니다.

Q 미국 시장은 우상향이지만 한국 주식은 박스권에 머무는 기간이 길다는데, 과연 일반인들이 장기투자로 높은 수익률을 거둘 수 있을까요?

A 단순히 지수만 보면 그렇게 생각할 수도 있습니다. 제가 미국에서 처음 펀드매니저를 할 때 미국 사람들도 그렇게 생각했습니다. 신흥국가에 투자해야 돈을 벌지 미국 주식은 지루하잖아요. 그래서 당시 미국 주식은 많이 오르지 않았죠.

한국은 IMF와 리먼 사태를 겪으면서 여러 기업이 도산했습니다. 그것이 지수에 다 포함됐습니다. 미국의 경우도 30개 표본이 아니라 전부 다 포함하면 달라질 수 있습니다.

또한 시장 평균이기 때문에 단순히 미국 또는 한국이 좋지 않다는 생각보다는, 한국에 내가 투자할 만한 회사가 계속 생기느냐가 더 중요합니다. 전체적인 지수가 오르지 않기 때문에 좋지 않은 것이 아니라, 그렇기 때문에 더 좋은 환경입니다. 발전 가능성이 더 크다는 말이니까요.

한국은 230조 원이라는 어마어마한 규모의 연금이 있는데 주식 비중은 3%밖에 안 됩니다. 반면 미국은 40%에 육박

합니다. 미국처럼 연기금이 한국 주식에 투자된다면 크게 상승할 수 있습니다.

또 하나는 여전히 많은 이들이 주식투자를 하면 안 된다고 생각한다는 겁니다. 경쟁자가 그만큼 적다는 뜻이고, 여전히 주가가 싸고, 아직 버블이 오지 않았다는 뜻입니다.

7

주주는 회사의 주인이다

주식투자는 기업의 동업자로서 투자수익을 기대하는 것이므로 당연히 동업자로서 주주의 권한을 이해하고 활용해야 한다. 회사의 경영진은 대주주를 포함한 모든 주주의 이익을 극대화해야 하는 의무가 있다. 가끔 경영진이 대주주들의 이익만 중시해 일반 소액 주주들의 권리를 훼손할 때가 있다. 이러한 일이 반복된다면 주식가격의 하락을 가져오고, 회사의 시가총액도 영향을 받게 된다. 더 나아가 해당 국가의 자본주의에 대한 신뢰도에도 영향을 끼치게 된다.

1997년에 한국이 IMF의 도움을 받을 수밖에 없었던 것과 2008년 미국의 경제위기 모두 열악한 기업지배구조에서 기인했다. 회사가 소수의 이익을 위해 운영되면 이해당사자뿐만 아니라 회사의 경쟁력도 상실하게 되고 사회적 비용도 증가하며, 결국에는 경제위기를 초래한다.

주주의 권리

주주는 회사의 주인이다. 당연히 회사에 대해 주인으로서의 권리를 가지고 있다. 그 권리는 크게 두 가지인데, 하나는 금전적인 권리이고, 또 하나는 경영에 참여할 수 있는 권리다. 투자에 대한 대가로 이익을 같이 누리거나 경영에 참가하는 것이다. 이를 통해 주주는 자신이 투자한 돈의 과실을 회수하고 회사의 가치를 높일 수 있다.

먼저 금전적인 권리를 보자. 가장 일반적인 것이 배당을 받는 것이다. 회사는 벌어들인 이익에서 일부를 주주에게 배당한다. 배당은 매년 이루어지기 때문에 이자와 유사하지만, 회사가 주주에게 투자에 따른 수익을 분배한다는 측면에서 이자와 다르다.

금전적 권리는 배당 외에도 많다. 신주 발행을 할 때 주주가 아닌 사람보다 먼저 주식을 살 수 있는 우선인수권도 금전적인 권리다. 신주 발행 시 시중가보다 싸게 발행되는 경우가 많기 때문이다. 신주인수권, 신주인수권부 사채나 전환사채(주식으로 전환할 수 있는 채권) 역시 마찬가지 이유로 주주의 금전적인 권리가 된다.

경영 참여와 관련된 부분을 보자. 말 그대로 주주로서 회사의 경영에 참여하는 것이다. 일반적으로 개인 투자자들은 금전적 권리에 대해서는 이해가 높지만 경영참여권에 대해서는 크게 관심이 없는 것 같다. 주주총회에도 적극적으로 참석하지 않고 회사의 부당한 행위에 대해서도 무덤덤하다.

주주의 경영 참여 권리는 보유 주식 수에 따라 다르지만 소액 주주도 주주로서 많은 권리를 갖고 있다. 이를 적극적으로 누려야 한다. 시가총액 대비 적은 금액이라도 개인 투자자 한 명 한 명에게는 결코 적은 것이 아닐 것이다. 특히 장기투자를 하는 개인 투자자라면 투자금액이 재산 형성에 큰 비중을 차지할 것이다. 따라서 주주로서의 권한을 이해하고 행사함으로써 주식가치를 높이려는 노력이 필요하다.

주식이 1주만 있어도 주총에 참석해서 의결권을 행사할 수 있다. 기본적인 권리다. 또 주총 결의가 부당하다고 판단되면 무효 소송을 낼 수도 있고, 회사가 부당하게 감자를 하거나 신주를 잘못 발행해도 소송을 제기할 수 있다. 회사의 인수합병에 반대해서 소송을 낼 수도 있다. 회사의 경영자나 주총에 의한 많은 의사결정 중에 주주에게 손해가 되는 일이 있으면 주주로서 이를 막을 권리가 있는 것이다.

보유 주식 수가 많아지면 더 적극적이고 다양한 권리를 행사할 수 있다. 이사가 회사의 이익에 반하는 행동을 한다면 그 일을 하지 말라고 요청할 수 있고, 그래도 행동을 중단하지 않으면 법원에 소송을 제기할 수도 있다.

이밖에도 주주들은 뭉쳐서 이사를 해임할 수 있고, 회사를 대신해 이사에게 회사의 손해에 대한 책임을 묻는 대표소송권도 행사할 수 있다. 주총에서 의결할 안건을 제안할 수도 있다. 소액 주주들이 뭉치기만 하면 집중투표제를 이용해서 자신들에게 유리한 이사 후보를 선임할 수도 있고, 회사의 잘못으로 소액 주주가 피해를 봤을 때 집단소송을 통해 구제받을 수도 있다. 따라서 주주로서 회사의 주인임에 자부심을 느끼고 이사회를 대할 필요가 있다. 하지만 비용 등을 감안할 때 개인 주주들이 회사와 실력대결을 할 수는 없다. 그보다는 회사와 주주들이 원만한 관계를 유지하는 것이 많은 사회적 비용을 줄일 수 있는 방법이다. 그 역할을 이사회가 해야 한다. 주주들의 이익을 지키는 것에 대한 이사회 구성원들의 의식 변화가 일어나고 있다. 엄청난 발전을 이루었다고 생각한다. 투자자 입장에서도 이러한 기업문화를 갖고 있는 회사에 투자하려는 노력이 필요하다.

주주총회로만 보면 한국은 갈 길이 멀다. 주주들의 참석을 막으려고 같은 날 같은 시간에 주주총회를 한다든가, 주주총회장에서 주주들의 질문을 방해하는 등의 행위는 이제 그만해야 한다. 회사의 주인인 주주들에게 회사의 경영에 대해 설명하고 중요한 사항에 대해 결정할 자리로, 주주총회가 기다려지는 행사가 되어야 한다. 그리고 우리의 자녀들도 참석해서 자본주의를 이해하는 데 도움이 되는 자리가 되어야 한다.

경영권에 관심이 없다면 좋은 우선주에 관심을 가져라

주식투자는 주가가 올라 수익을 올리는 것 외에도 경영 참여와 배당이라는 두 가지 이점을 가지고 있다. 이 중 배당 측면에서 우선주는 관심을 둘 만한 가치가 있다. 우선주는 경영에 참여할 수 있는 의결권이 없는 대신에 이익배당 우선권을 주거나, 배당금을 더 주거나, 회사를 청산할 때 잔여재산분배 우선권을 부여하는 이점이 있다.

한국 증시에서는 통상적으로 우선주가 보통주에 비해 디스카운트되어 거래되고 있다. 우선주는 경영에만 참여할 수 없을 뿐 배당가치에서는 보통주보다 더 유리하다. 따라서 경영권에 관심이 없는 투자자들은 굳이 보통주를 고집할 이유가 없다. 요컨대 한국의 우선주는 재평가될 여지가 많다.

일반적으로 우선주는 회사가 대주주의 경영권 안정을 해치지 않으면서 자금을 조달하기 위해 발행한다. 신주를 발행하면 부채 비율을 낮출 수 있고 자본 확충이 되어 회사 재무구조가 좋아지기 때문이다. 경영권이 안정적인 회사라면 신주를 발행할 때 보통주로 발행하든 우선주로 발행하든 크게 상관없다. 배당투자나 가치투자를 선호하는 소액 주주 입장이라면, 보통주보다 우선주 쪽이 더 많은 배당을 받을 수 있으므로 유리할 수 있다.

우선주와 보통주의 가격 차이를 괴리율이라고 한다. 괴리율은 보통 일정한 선을 유지하기 마련이다. 그런데 우선주와 보통주의 괴리율이 비정상적으로 벌어질 때가 있다. M&A와 관련된 사건이 벌어지거나 의결권을 필요로 하는 사건 등이 생겼을 경우다. 예를 들어 지주회사 전환이나 합병을 위한 주총 소집이 있을 경우 보통주 값만 오르고 우선주는 오히려 하락해서 일시적으로 괴리율이 커진다. 이럴 때는 괴리율 차이를 이용해서 투자하는 것도 좋다. 회사의 가치가 앞으로 좋아질 것으로 판단한다면 가격이 떨어진 우선주를 팔지 말고 오히려 사들여야 한다. 주가가 다시 제자리를 찾을 것이기 때문이다.

우선주의 장점에도 불구하고 그동안 한국에서는 우선주를 포함한 주식의 배당수익률이 워낙 낮아 우선주의 투자 메리트가 없었다. 이 때문에 우선주가 사실상 유명무실화되자 1996년에 상법 개정을 통해 투자가치가 있는 다양한 신형 우선주를 발행할 수 있게 했다. 즉 기업에서 수익이 나지 않아 배당을 하지 못하면 의결권이 부활되는 참여형 신형 우선주, 약속한 배당을 하지 못하면 다음 회기로 배당금을 누적해서 지급해야 하는 누적적 신형 우선주, 일정 기간이 지나면 보통주로 전환할 수 있는 전환적 신형 우선주 등이 이러한 것들이다.

그런가 하면 전환사채(CB)와 비슷한 상환전환 우선주라는 것도 있다. 상환전환 우선주는 전환사채와 비슷하게 배당 조건, 만기보장수익률, 전환가능기간 및 전환가격 등을 정해놓고 발행한다. 발행된 신형 우선주는 이러한 성격을 모두 가질 수도 있고, 일부만 가질 수도 있다.

이처럼 다양한 형태의 우선주가 존재하기 때문에 투자 목적에 따라 적합한 우선주의 형태를 찾아 투자하는 것도 싼 값에 주식을 살 수 있는 방법이다. 예를 들어 장기 전망은 좋으나 단기적으로 배당이 없을 것으로 예상되는 경우 참여적 신형 우선주에 투자하면 보통주 전환에 의한 주가 상승의 기회가 존재할 수 있다. 경영권이 안정적인 회사에 배당을 목적으로 투자한다면 누적적 신형 우선주가 대안이 될 수 있다.

반면 보통주에 투자했다면 상대적으로 강력한 주주 권한을 활용하는 것이 필요하다. 적은 배당을 감내하면서 비싸게 주식을 매입했다면 당연히 더 적극적으로 주주권 행사를 해야 하지 않겠는가!

주가지수를 예측할 시간이 있으면
회사들의 펀더멘털을 공부해라.
그것이 훨씬 효과적이다.
주식투자의 성패는 그 회사가 장기적으로
돈을 잘 벌 수 있는가에 달려 있다.

”

JOHN LEE'S THOUGHTS

QUESTION AND ANSWER

Q 기업지배구조가 왜 중요한가요?

A 기업지배구조가 대한민국의 미래를 결정하기 때문입니다. 그동안 실패한 기업들을 보면 결정적인 이유가 바로 기업지배구조 때문이고, 기업 하나만 실패하는 게 아니라 자본주의의 시스템을 망가뜨리는 만큼 굉장히 중요한 문제입니다.

기업지배구조가 좋다는 것은 여러 가지 의미가 있습니다. 제일 중요한 것은 투명성입니다. 이 회사가 정말로 무엇을 하려는지, 이사회가 무얼 하는지 알 수 없는 경우가 대부분입니다. 결정은 회장님이 하는 것이고, 한국은 이를 당연시합니다.

또 대주주가 이상한 회사를 세워 돈이 새나가기도 하는데, 그러면 회사의 시가총액은 쪼그라들 수밖에 없고 시장의 신뢰를 잃습니다. 그렇게 펀더멘털이 악화되고 시가총액이 적어지며 경쟁력을 잃어갑니다.

주식투자를 할 때 기업지배구조를 따져보는 습관은 반드시 필요합니다. 기업들의 지배구조가 좋았다면 애당초 IMF도 오지 않았을 것이 확실합니다. 따라서 주식투자를 할 때는 반드시 해당 기업의 지배구조까지 살핀 후에 투자해야 실패를 막을 수 있습니다.

기업지배구조가 좋아지면 주식가격이 올라가고 자본조달 비용이 줄면서 사회적 비용이 크게 감소하는 효과가 있습니다. 또한 거대한 규모의 외국자금이 한국으로 들어옵니다. 많은 외국자본이 한국 투자를 꺼리는 가장 큰 이유가 바로 열악한 기업지배구조였기 때문이죠.

Q 소액 주주로서 회사가 주주들의 이익을 침해하는 경우가 있을 때 어떻게 해야 할까요?

A 주식에 투자하는 것은 동업자로서 기업의 수익을 기대하기 때문입니다. 그러므로 당연히 동업자로서 주주의 권한을 이해하고 활용해야 합니다. 하지만 현실적으로 쉽지 않은 일입니다. 따라서 주식을 매입하기 전 경영진의 자질에 대해 꼼꼼하게 체크해야 합니다. 장기투자를 위해서는 필수적인 사항이죠. 매입한 후에 경영진의 결정에 문제가 있을 경우에는 매각을 검토하는 것이 좋을 것 같습니다.

주주는 회사의 주인이다.
당연히 회사에 대해 주인으로서의
권리를 가지고 있다.
하나는 금전적인 권리이고,
또 하나는 경영에 참여할 수 있는 권리다.

WHY INVEST IN STOCKS?

CHAPTER 3

나는 이런 기업에 투자한다

INVESTING IN STOCKS IS INVESTING IN TIME

1. 성공하는 종목을 어떻게 찾을 것인가?
2. 종목 발굴의 두 가지 방식 – 톱다운, 보텀업
3. 회사의 재무 상태를 제대로 이해하라
4. 저평가된 기업들
5. 저평가된 기업가치를 알려주는 지표들
6. 훌륭한 경영자가 회사의 미래다
7. 좋은 기업은 너무나 많다
8. 좋은 펀드는 어떻게 알아보는가?

1

성공하는 종목을 어떻게 찾을 것인가?

기업은 자본을 투자해서 생산한 상품이나 용역을 판매해 얻은 이윤을 투자자와 경영자, 직원들이 나눠 갖는 조직체다. 따라서 이익을 내지 못하면 오랫동안 유지될 수가 없다. 그런데 스피드와 첨단기술, 정보화로 무장한 현대 사회는 변화의 속도가 너무 빠르다. 따라서 사회와 소비자의 변화 속도를 따라잡지 못한 기업은 도산할 수밖에 없다. 그 결과 기업의 평균수명은 지난 100년 동안 급속하게 짧아져왔다. 맥킨지컨설팅 보고서에 의하면 기업의 평균수명은 1955년에는 45년, 1975년에는 30년, 1995년에는 22년으로 줄어들었다. 2005년의 경우 15년 수준이었다.

그렇다면 여기에서 가장 중요한 의문이 생긴다. 만일 내가 어떤 기업에 10년, 20년 투자했는데 그 기업이 망해버린다면 어떻게 될 것인가? 실제로 망한 기업에 투자해서 주식이 휴지 조각이 된 사례를 심심치 않게 볼 수 있다. 한국인의 평균수명이 80세다. 그런데 기업의 평균수명은 고작 13년이다. 이 말은 아무리 여유자금으로 장기투자를 잘한다 해도 애초에 투자할 기업을 잘못 고르면 안 된다는 이야기다.

사람이 태어나서 성장하고 결혼하고 혈기왕성한 시기를 보내면서 후손을 두는 것처럼 주식회사도 일단 태어나면 기업이 커나가고, 영업을 통해 돈을 벌며, 자회사도 두고, 다른 기업에 투자하기도 하며, 그룹을 만들기도 한다.

젊은 나이에 죽는 사람도 있고 건강하게 100년 이상 사는 사람도 있는 것처럼 짧은 기간에 망해서 없어지는 회사가 있는가 하면 100년 이상 유지되는 기업도 있다. 병에 걸렸을 경우 어떤 사람은 사망하지만 암에 걸리고도 강한 신념을 가지고 노력하면 살아남는 것처럼, 기업도 위기가 닥쳤을 때 망해버리는 기업도 있고 구조조정과 M&A 등을 통해 건강하게 되살아나는 기업도 있다.

그렇다면 어떻게 해야 오래 살아남아 큰 수익을 안겨줄 투자 대상을 찾아낼 수 있을까? 어떤 기업이 불경기나 경제위기에도 건강하게 살아남아 내가 노후자금이 필요해질 때까지 지속적으로 성장할 것인가? 어떤 기준으로 기업을 선택해야 성공적인 기업을 찾아낼 수 있을 것인가?

나와 우리 팀이 투자 대상을 고려할 때 중요하게 여기는 것들에 대해 공유하려고 한다.

첫 번째, 경영진의 자질을 살펴라. 기업 경영은 사람이 하는 것이다. 결국 회사의 흥망은 경영진과 직원들이 기업이 성장하도록 얼마나 노력하느냐에 달려 있다. 영리하고 도덕적인 경영진이 있느냐가 주식에 투자할 때 고려해야 할 가장 중요한 요소다. 경영진의 자질을 영어로 'management quality'라고 한다.

Management quality에는 도덕성, 자질, 능력 등 경영진의 모든 것이 포함된다. 주식투자에서 어떤 숫자보다 중요한 것이 경영진의 자질이며, 그 중요성은 점점 더 커지고 있다. 감동을 주는 경영진은 많은 이들로 하여금 투자하게 만들고, 장기적으로 좋은 투자 결과를 안겨준다.

요즘은 과거와 달리 CEO를 비롯한 경영진이 회사의 전략 등을 알리기 위해 자발적으로 많은 노력을 기울인다. 여러분도 투자하기 전에 기업의 경영진에 대해 관심을 기울여야 한다. 경영진의 자질을 알 수 있는 가장 좋은 방법은 수시로 기업의 홈페이지를 방문해서 CEO의 발언을 주의 깊게 살펴보는 것이다.

두 번째, 기업의 확장성에 주목하라. 비즈니스 확장성이 있는 기업이 그렇지 않은 기업보다 시가총액 증가 속도가 빠를 것이다. 사업을 한다고 가정하면, 소매상을 하는 것보다 도매상을 하는 것이 매출의 증가 속도를 높이는 원리가 될 것이다.

인터넷을 기반으로 한 기업들의 주식가격이 크게 증가한 이유도 미래의 확장성 때문이다. 매출의 증가가 구조적인 이유로 미미하거나 한계가 있는 기업들은 주식 매력도가 떨어진다.

세 번째, 경쟁자가 들어오기 힘든 산업에 속한 기업에 투자하라. 진입장벽이 높은 기업에 관심을 갖는 것이 좋다. 진입하기 쉬운 업종은 경쟁자가 많아 마케팅 비용이 늘어나고 이익률이 낮아질 수밖에 없다. 기술력이 뛰어나거나, 특허를 소유하고 있거나, 높은 브랜드파워가 있는 기업들이 진입장벽이 높은 예다.

네 번째, 트렌드를 주목하라. 관심 가는 종목이 있다면 우선 그 기업의 과거 트렌드를 알아야 한다. 매출 증가 여부, 마진율 변화, 기업지배구조 변화 등이 해당 기업의 미래를 유추할 수 있는 요소다. 점점 더 좋아지는 기업을 사야 하는 것은 물론이다.

2

종목 발굴의 두 가지 방식 톱다운, 보텀업

톱다운 방식

종목을 고를 때는 크게 두 가지 방법이 있다. 톱다운(top down) 방식과 보텀업(bottom up) 방식이다. 톱다운 방식은 미래에 어떤 분야가 경쟁력이 있고 유망할 것이라고 판단하고 총자산의 몇 퍼센트를 투자하겠다고 먼저 결정한 다음, 그 분야에서 유망하다고 생각하는 회사를 골라 투자하는 것이다.

보텀업 방식은 어떤 분야에 얼마큼 투자할지를 정하기 전에 유망하다고 판단되는 기업을 골라 투자 비중을 정하는 방식이다. 특정 분야의 투자 비중은 결과적으로 생긴 수치라고 볼 수 있다.

톱다운과 보텀업 방식 중 어느 쪽이 더 좋다고 말할 수는 없다. 투자 스타일이 다른 것이다. 나와 우리 팀은 거의 보텀업 방식을 고수했다.

10년 전 한국이 IT나 인터넷 강국이 될 것이라 예상하고 좋은 IT회사에 장기투자했다면 많은 투자수익을 냈을 것이다. 물론 IT나 인터넷 회사 중에서도 성공한 회사가 있는 반면 실패한 회사도 많다. 그래서 주식을 사기 전에 꼼꼼히 챙겨야 한다.

내가 운용했던 코리아펀드 편입 종목을 시대에 따라 보면 한국이 어떻게 변화했는지 분명히 알 수 있다. 1984년 처음 코리아펀드가 설립될 당시에는 노동집약적인 산업의 회사들이 많이 편입돼 있었다. 그 당시 한국 기업들은 싼 임금 덕분에 돈을 벌 수 있었던 것이다.

한국의 산업이 점점 발전함에 따라 노동집약적 산업보다는 자본집약적 산업이 부상했다. 코리아펀드는 특히 정부가 집중 육성하는 사업 분야에 관심이 있었다. 자동차, 타이어, 철강 등 수출을 많이 할 수 있는 산업이 유망하다고 판단한 것이다.

그중에서도 자본을 많이 확보하면 돈을 더 많이 벌 수 있는 회사에 주목했다. 지금 엄청난 규모의 매출액과 이익을 얻고 있는 대부분의 회사가 그 당시 정부 시책에 따라 자본 확충이 다른 회사보다 용이했던 회사들이다.

대신 은행이나 금융회사는 가능한 한 편입 비중을 축소했다. 자본 규모가 큰 회사들에 비해 금융회사는 상대적으로 매력도가 약했다. 돈을 버는 조직이라기보다는 사회의 이익에 보답해야 하는 공공성을 중요시하는 국민 정서도 은행투자를 주저하게 만들었다. IMF 때 한국의 많은 은행이 파산할 수밖에 없었던 이유가 여기 있다.

나는 1990년 초반에는 이동통신과 보험이 크게 성장할 분야라고 판단했다. SK텔레콤, 안국화재(현 삼성화재)를 집중적으로 사들였고 그 판단이 10년 후 큰 성공으로 돌아왔다. 이동통신은 그 당시 1년에 몇 십 퍼센트씩 성장했다. 기술 향상으로 소비자들에게 휴대전화와 통신비를 저렴하게 공급할 수 있었기 때문에 가입자 수가 천문학적으로 증가할 가능성이 충분했다. 대규모 투자를 해야 하고 라이선스를 취득해야 하기 때문에 경쟁자가 들어오기가 어려운 산업인 데다 계속 새로운 서비스를 추가해서 소비자들에게 판매할 수 있었다. 이런 비즈니스가 가장 좋은 사업이다. 고객이 한 번 가입하면 빠져나가기가 쉽지 않기 때문에 그야말로 황금알을 낳는 산업인 것이다.

물론 이동통신산업이 앞으로도 무선통신사업으로만 성장할 것이라고 기대하기보다는 자율주행자동차 등의 등장에 엄청난 기회가 올 가능성이 있다. 새로운 큰 성장 동력이 있을 수 있다.

2000년 들어서면서 우리는 인터넷 분야에서 진입장벽이 높은 회사를 발굴하려고 노력했다. 여러 회사 중 우리의 관심을 끈 것은 인터넷을 통해 물건을 판매하는 옥션이었다. 옥션은 가입자가 가장 많았고, 계속 성장하고 있었다. 그리고 미국의 이베이와 비교했을 때 가격이 엄청나게 쌌다. 이런 분야는 일등기업만 계속 살아남는다. 미국의 이베이 역시 계속 1등을 하기 때문에 존재하고 있는 것이다. 이 분야도 사실 엄청난 비즈니스 모델이다. 제조업처럼 항상 경쟁자보다 좋은 물건을 만들 필요가 없고, 신경 쓸 일이 별로 없다. 그야말로 아이디어 하나만으로 큰 수익을 누리는 것이다. 우리가 투자했던 회사는 나중에 이베이에 매각됐고, 우리는 많은 수익을 냈다. 최근에는 옥션이 다시 매각되었다.

미국에서 살던 때다. 매일 뉴욕에 있는 회사에 출근하기 위해 조지워싱턴 다리를 건넜다. 다리 한 번 건너는 데 현금으로 내는 경우 무려 16달러를 냈다. 이용자들의 불만에도 불구하고 통행료는 꾸준히 오른다. 투자가 계속될 필요도 없고 경쟁자도 없다. 리스크는 크지 않고 수익은 계속된다. 이 다리를 소유하고 있다면 얼마나 좋겠는가?

이러한 비즈니스 모델을 갖고 있는 회사를 찾는 것이 나의 오래된 습관이다. 이동통신이나 케이블 산업 등이 이와 같은 비즈니스 모델과 가장 유사하다. 내가 다리를 건너지 않고는 출근할 수 없듯이 통신이나 케이블은 사용자가 쉽게 포기할 수 없기 때문이다.

그러면 앞으로 어떤 분야가 유망할까? 또한 어떤 분야에서 한국이 경쟁력을 가질 수 있을까? 이를 알려면 어떤 분야에 돈이 몰릴 것인가에 주목해야 한다. IT 분야는 한국이 계속 경쟁력을 가질 것이다. 인력이 우수해서다. 해외에서 많은 사람들이 석사, 박사 과정을 밟고 있고 그들이 지속적으로 한국의 IT를 이끌어갈 것이기 때문이다.

내가 만나본 IT 분야의 많은 CEO들은 자신만만했다. 세계에서 기술을 선도해갈 수 있다는 자부심이 가득했다. 삼성전자나 LG전자 같은 큰 회사도 유망하지만 이런 큰 회사에 납품하는 중소형 회사에도 관심을 가질 필요가 있다. 다만 조심할 것은 그 회사의 기술력이 원천기술인지, 진입장벽이 얼마나 높은지 판단이 필요하다. 진입장벽이 높지 않다면 높은 수익성을 보장할 수 없다.

나와 우리 팀은 삼성전자, LG전자, SK텔레콤 등 큰 기업을 방문해서 그러한 기업들에 대해 질문을 했고, 많은 기업을 발굴할 수 있었다. 큰 수익을 냈음은 물론이다. 이런 회사들은 앞으로도 계속 생겨날 것이고, 투자 기회는 얼마든지 있다.

보텀업 방식

톱다운과 반대되는 개념으로 보텀업 방식이 있다. 국제 경제 상황이나 각 사업별 분석보다는 회사 하나하나에 연구를 집중해 투자하는 방식이다. 예를 들면 어떤 산업의 전망을 보고 투자하는 것이 아니라, 개별 기업의 가치나 전망을 고려해서 투자하는 것이다. 나는 주로 이런 방식으로 투자했다. 약 80%는 보텀업 방식, 20%는 톱다운 방식으로 투자한 것이다. 회사의 성공 여부는 그 기업이 속해 있는 산업보다는 다른 변수에 더 크게 달려 있다고 본다. 산업보다 경영진의 자질이 훨씬 중요하다.

한국은 대기업 50개를 제외한 나머지 회사들에 대해서는 충분한 리서치가 돼 있지 않다. 따라서 조금만 남보다 시간과 노력을 들인다면 좋은 투자 성과가 날 수 있다. 남들이 모를 때 투자해야 높은 수익을 올릴 수 있다.

기업 수익성이 저평가된 주식을 찾는다

한국의 주식시장은 상당히 비효율적(inefficient market)이다. 다시 말하면 회사의 가치를 주식시장이 충분히 반영하지 못한다. 그 이유는 증권회사의 리포트는 대기업에만 편향되어 있고, 그러한 리포트들 또한 대부분이 단기적이기 때문이다. 돈을 많이 버는 회사나 그럴 가능성이 큰 회사의 주식이 그렇지 않은 회사들보다 주가가 훨씬 높아야 하는 것은 너무 당연하다. 그런데 우리나라의 주식시장은 그렇지 않은 경우가 상당히 많다.

금융 선진국에서는 그럴 여지가 한국보다는 적다. 많은 이들이 금융업에 종사하고 정보의 교환이 빠르게 일어나기 때문이다. 한국은 그런 면에서 아직 부족하다. 시장의 비효율성이 높다는 뜻이다. 하지만 이런 현상을 잘 활용한다면 장기적으로 큰돈을 벌 수 있다.

1991년 한국 주식시장이 처음 외국 투자자들에게 개방됐을 때 한국에서 유행한 말이 있었다. '저PER주의 혁명'이다. 외국 투자자들이 PER가 낮은 회사를 선호하자 국내 투자자들도 관심을 보이기 시작했다. 따라서 이러한 종목들의 주식들이 급등하기 시작했다. 지금 생각하면 참 우스운 이야기지만 그 당시 한국의 주식시장이 얼마나 낙후됐는지 짐작할 수 있다.

그 당시 삼성화재의 PER•는 1이었다. 상상할 수 없이 싼 주식이었다. 한국의 투자자들은 큰 의미를 두지 않았지만 외국 투자자들의 시각에서는 믿을 수 없을 만큼 싼 주식이었던 것이다. 외국인의 등장으로 과거 20년간 한국 주식시장의 비

• 현재 주가를 주당 순이익으로 나눈 수치. 주가가 1주당 수익의 몇 배가 되는지를 보여준다. PER가 낮다는 것은 주당 이익에 비해 주식가격이 낮다는 것을 의미한다.

효율성이 많이 줄어들었지만, 똑똑한 투자자들에게는 투자 기회가 계속 생길 것이다.

기업가치를 평가하라

내가 아는 외국 투자자 중에 큰돈을 번 사람이 있다. 그 사람은 다른 주식은 거들떠보지도 않고 안국화재(현 삼성화재)만 꾸준히 사서 10년 만에 몇 십 배의 수익을 남겼다. 단언컨대 자세히 들여다보면 한국에는 훌륭한 회사들이 많다.

이런 주식을 찾는 일은 의외로 간단하다. 외국인들은 이런 회사들이 싸다는 것을 알았는데 왜 수많은 한국 투자자들은 그 가치를 알지 못했을까? 지금이라고 사정이 다른 것은 아니다. 그렇다면 전문가가 아닌 내가 어떻게 이런 주식을 고를 수 있을까? 물론 아주 쉽지는 않은 일이다.

하지만 여러분이 전문가보다 불리한 조건은 아니다. 매일매일 여윳돈으로 투자하는 사람들은 전문가들보다 오히려 여유로울 수 있기 때문이다. 유능한 애널리스트라도 꼭 자기 소신대로 리포트를 낼 수 없다. 고객의 요구에 따라 단기간의 주식 변동을 맞혀야 하는 현실 때문이다. 기업가치가 싸다고 생각해도 그래프를 이용해야 하고 펀더멘털보다는 단기적인 수익에 초점을 맞추는 경우가 적지 않다.

5년, 10년을 보고 투자한다면 기회는 얼마든지 있다. 그런 주식을 발굴하기 위해 상장사들의 수치를 단순화해서 비교해보는 것도 한 방법이다. 우선 관심 있는 회사의 시가총액을 구하자. 시가총액이란 총 주식 수에 주가를 곱한 것으로, 시장에서 평가하는 회사의 가치다. 여기에 총부채를 더하고 현금이나 유가증권 등의 자산을 뺀 숫자가 시장이 생각하는 기업의 시장가치(enterprice value)● 다.

그렇다면 이 회사의 진짜가치는 얼마일까? 시장이 생각하는 가치와 진짜가치의 괴리가 크다고 생각하면 그 회사의 주식을 사거나 파는 데 큰 어려움이 없을 것이다. 그 괴리가 크다는 것은 그만큼 시장이 현명하지 못하다는 것을 뜻하고, 똑똑한 투자자들에게는 기회가 주어지는 것이다.

주식의 매력도를 구하는 여러 가지 기법이 있지만, 결국 한 가지로 귀결된다. 이 회사가 앞으로 어떻게 수익을 창출

● 시가총액(총 발행주식 수 × 주식가격) + 총부채 − 현금, 유가증권 등 자산

할 것인가이다. 복잡하게 생각할 필요가 없다. 올해 총이익이 어떤가는 쉽게 구할 수 있는 숫자다. 여기에 감가상각비, 세금 등을 더한다. 이 숫자가 올해 장사를 해서 유입된 현금의 규모, 즉 EBITDA(Eearnings Before Interest, Taxes, Depreciation and Amortization)●●다. 이 숫자를 조금 전에 말한 사업가치로 나눈다. 이 숫자가 소위 말하는 EV/EBITDA●●●다.

이 숫자가 작을수록 이 회사의 주식가격은 매력적이다. 만약 EV/EBITDA가 3이라면 3년 만에 투자금액을 전액 회수할 수 있다는 것을 의미한다. 여러분이 어떤 사업을 시작했을 때 3년 만에 투자금액을 회수할 수 있다면 얼마나 좋은 사업인가?

예를 들어 시가총액이 5,000억 원인 석유회사가 있다고 하자. 그 회사의 간단한 재무제표를 봤더니 순이익이 1,000억 원, 부채가 2,000억 원, 유동성 자산이 5,000억 원, 감가상각비가 1,000억 원, 세금이 500억 원이었다고 가정하자.

●● 순이익 + 감가상각비 + 세금

●●● 기업의 시장가치를 세전 영업이익으로 나눈 수치. 투자원금을 회수하는 기간을 나타내며, 이 수치가 낮을수록 주식가격이 매력적이라는 것을 의미한다.

재무제표

순이익	1,000억 원
부채	2,000억 원
유동성 자산	5,000억 원
감가상각비	1,000억 원
세금	500억 원

EV/EBITDA

EBITDA	1,000억 원(순이익) + 1,000억 원(감가상각비) + 500억 원 = 2,500억 원
EV	5,000억 원(시가총액) + 2,000억 원(부채) - 5,000억 원 (유동자산) = 2,000억 원
EV/EBITDA	0.75
감가상각비	1,000억 원
세금	500억 원

EV/EBITDA가 0.75라는 말은 투자한 금액을 모두 회수하는 기간이 9개월밖에 걸리지 않는다는 것을 의미한다. 엄청나게 싼 주식이다. 단, 대주주가 해마다 주주들의 가치를 떨어뜨리려고 온갖 횡포를 부리지 않는다고 가정하면 말이다. 시장의 평균 EV/EBITDA가 약 8~10이라고 가정하면 이런 주식들을 발굴하면 큰돈을 벌 수 있다.

유가증권시장과 코스닥시장 상장기업들의 EV/EBITDA

순위를 매겨보라. 얼마나 많은 주식들이 저평가돼 있는지 알 수 있다. 물론 특별히 어떤 한 해에 이익 변동이 있을 수 있기 때문에 EV/EBITDA를 모든 회사에 일률적으로 적용할 수는 없다. 하지만 이런 회사들은 예외로 하더라도 EV/EBITDA의 순위에 따라 기업을 추리는 것은 투자 종목을 찾아내는 첫 단계로 아주 좋은 방법이다.

심지어 EV/EBITDA가 마이너스인 경우도 있다. 회사의 현금 보유액이 시가총액보다 큰 경우인데, 상상할 수 없이 싼 주식이다. 왜 이런 주식이 존재할까? 시장이 아직 비효율적이고 기업지배구조가 나쁘기 때문이다. 이럴 경우 회사가 돈을 벌어도 이익이 대주주에만 국한될 수 있다는 시장의 의심 때문일 가능성이 있다. 대주주가 다른 주주들의 이익을 빼앗을 가능성을 염두에 두었기 때문이다. 내가 기업지배구조의 개선을 강조하는 것도 이런 이유다.

'사업을 인수하듯이' 해라

주식은 특정 주식회사의 일부 소유권을 뜻한다. 더 구체적으로 말하면 주식시장에서 어떤 회사의 주식을 산다는 것은 그 기업의 동업자가 되는 것과 같다. 만약 여러분이 삼성전자의 주식을 갖고 있다면 여러분은 삼성전자라는 주식회사의 일부를 소유하는 것이고, 단 1주를 가지고 있어도 주주총회에 나가서 의결권을 행사하고 배당을 받을 수 있다. 따라서 주식을 살 때는 결정을 내리기 전에 해당 기업에 관해 자세히 알아봐야 한다. 좋은 회사에 투자해야 기업의 주인인 여러분도 성공적인 투자자가 될 수 있다.

주식투자를 할 때는 마치 '사업을 인수하듯이' 투자 대상 기업에 대해 이모저모 따져봐야 하는 것은 당연지사다. 그런데 유감스럽게도 많은 사람들이 주식을 사고팔면서 이 과정을 생략해버린다. 주부들은 큰돈이 들어가지 않는 생선이나 콩나물, 과일 등을 살 때도 물건의 품질과 가격을 꼼꼼하게 점검한다. 하지만 몇 백만 원 또는 몇 천만 원을 주식에 투자할 때는 자신이 사는 기업에 관해 잘 알아보지도 않고 아주 간단히 결정해버린다. 부동산투자를 할 때는 살기 좋게 지어졌는지, 교통은 편한지, 권리관계는 깨끗한지 상세히 알아보면서 주식에 투자할 때는 별로 알려고 하지 않는다.

언젠가 한국에서 몸이 안 좋아 병원에 다닌 적이 있다. 으

레 의사와 상담을 하게 되었는데 어디가 아파서 오셨느냐는 등 건강 상태에 관한 질문을 하던 의사는 문득 나의 직업에 관심을 갖더니 "내가 어떤 종목을 들고 있는데 그 종목이 괜찮은 거냐"면서 투자에 관한 질문을 하기 시작했다. 나는 원래 이런 질문에는 답변하기 어려워하기 때문에 "그럼 상담료를 내시오" 하고 농으로 받아쳤는데 워낙 진지하게 물어보니 그냥 넘기기가 어려웠다. 그래서 왜 그 회사 주식을 사셨느냐 되물으니 "주변에서 좋다고 해서 수익률 20~30%를 목표로 샀는데 오히려 주가가 많이 떨어졌다"는 답변이 돌아왔다. 이분의 투자 방법은 일전에 증권사 객장에서 만났던 아주머니와 놀랍게도 흡사했다.

이 의사처럼 투자하면 주가가 등락을 거듭할 때 대응이 어렵다. 오를 줄 알고 샀는데 사자마자 떨어진다면 어떻게 할 것인가? 또 운 좋게 20%의 이익을 내고 팔았는데 이후에 추가로 20%가 오른다면 어떻게 할 것인가? 손실이 날 때보다 취할 수 있는 이익을 얻지 못할 때 느끼는 상실감이 더욱 큰데, 그 마음고생 두 가지를 모두 겪을 수밖에 없다.

이렇게 해서 쉽게 매일 돈을 벌 수 있다면 따로 직업을 갖고 일할 필요도 없을 것이다. 주가가 어느 방향으로, 얼마나 움직일지는 누구도 알 수 없다. 예상한 것과 다른 방향으로 주가가 움직이는 경우가 대부분이다. 단기적으로 주식시장에서 돈을 버는 사람들보다 돈을 잃는 사람들이 훨씬 많은 이유가 여기에 있다. 게다가 사람들의 투기심리를 읽고 자신의 이익을 위해 일반 투자자들을 이용하려는 세력들이 허다한 것이 주식시장 아닌가?

문제는 이뿐만이 아니다. 상당히 많은 개인 투자자들이 '누가 좋다더라, 누구누구의 추천주다'라는 근거 없는 이유로 투자 종목을 선택한다. 독자들도 혹시 이런 생각을 가지고 투자하고 있지는 않은가?

과거에는 증권회사 객장에 주식전광판이 있었다. 전광판을 보고 주식투자를 하는 것은 마치 라스베이거스에서 경마도박을 하는 것과 아주 흡사하다. 우승할 말들을 맞히면 돈을 버는 것인데, 주식투자를 이처럼 하면 망할 수밖에 없다. 너무나 많은 사람들이 주식투자에 대한 잘못된 편견을 갖고 있다.

주식을 사는 것은 한낱 증서를 사는 것이 아니라 회사의 주인이 되는 것이라는 사실을 망각해선 안 된다. 만약 여러분이 어떤 사업체를 인수한다고 가정해보자. 계약을 하기 전에 꼼꼼하게 검토할 것이 얼마나 많은가? 대상 사업체의 위치, 사업 내용, 생산원가와 매출액, 영업이익률 등 모든 것을 점검한 후에 사는 것이 상식이다.

주식을 사는 것은 사업체를 인수하는 것과 별다른 차이가 없다. 다른 것이 있다면 여러분이 가게를 인수할 때는 100%를 소유하지만 주식은 어떤 회사 주식의 일정 부분만 산다는 점이다. 따라서 적은 돈으로도 사업체의 일부를 소유할 수 있다. 주식에 투자를 하면 언제라도 팔 수 있기 때문에 사업에 투자하는 것보다 환금성이 풍부하다는 이점이 있다. 적은 돈으로도 회사의 일부를 소유할 수 있고 유동성이 풍부하다는 사실만 다를 뿐, 주식에 투자하는 것과 사업체에 투자하는 것은 근본적으로 비슷하다.

따라서 어떤 주식을 염두에 두고 있다면 사기 전에 그 회사의 전반적인 상태에 대해 점검하는 것은 너무 당연한 절차다. 어떤 사업체를 인수하는 것과 같은 것이다. 대차대조표 등 전반적인 재무 상태, 고객, 회사의 경쟁력, 경영진의 능력 및 도덕성 등을 검토해야 한다.

나와 우리 팀이 운영하는 펀드는 아주 오랫동안 높은 수익률을 유지해왔다. 하지만 이런 결과는 우리가 일반 투자자보다 주식에 관해 더 많이 알고 투자해서가 아니다. 펀드매니저라고 해서 결코 남들보다 주식을 더 잘 아는 것이 아니다. 절대로 일반 상식 수준을 크게 넘어서지 않는다. 개인 투자자들도 꾸준히 주식에 관심을 가지면 어떤 펀드매니저 못지않게 자기만의 관점으로 좋은 주식을 찾아낼 수 있다.

개인 투자자들 입장에서 좋은 주식을 쉽게 찾는 방법 중 하나는 바로 생활 속에서 발견하는 것이다. 가령 자녀를 학원에 보내는 부모라면 상장된 학원이나 자녀들의 학습교재를 만드는 회사에 관해 펀드매니저보다 많이 알 것이다. 슈퍼마켓에서 가장 좋은 위치에 진열된 품목을 만드는 회사를 눈여겨볼 수도 있다. 그런 회사들이 전망이 좋은 회사일 가능성이 크다.

내가 좋은 주식을 고르는 방법 역시 그리 복잡하지 않다. 남들과 같은 정보를 가지고 어떻게 투자에 적용하는가가 다를 뿐이다. 펀더멘털에 충실한 장기투자가 나의 투자철학이다. 이는 아주 간단하면서도, 실제로 적용하려고 하면 상당한 인내와 훈련이 필요하다.

많은 사람들이 펀드매니저는 유별난 방법이나 정보를 갖고 있으리라고 생각한다. 하지만 펀드매니저들은 회사에 관해 연구할 시간과 여건이 일반 투자자들보다 유리할 뿐이다. 장기투자를 하겠다고 마음을 먹고서도 기업에 관해 연구할 시간이 없다는 것은 핑계다. 일상생활이 허용하는 한도에서 관심 있는 회사를 주의 깊게 관찰하고 공부를 하여 자기만의 투자철학을 만드는 것이 중요하다.

JOHN LEE'S THOUGHTS

QUESTION
AND
ANSWER

Q 앞으로 유망한 기업이나 섹터는 어떻게 찾을 수 있을까요?

A 수년 전에 메리츠자산운용이 투자했던 기업을 예로 들어 보겠습니다. 당시 한국을 찾는 중국인이 굉장히 많았는데 관광객들 사이에서 한국 화장품이 엄청난 인기를 누렸습니다. 그래서 당시 한국 화장품기업 중 대표기업인 아모레를 매집했고 높은 수익률을 올렸습니다.

이런 판단은 펀드매니저만 할 수 있는 일이 아닙니다. 특별한 전문성이 요구되는 일도 아닙니다. 앞으로 세계에서 어떤 일이 일어날지 생각해보면 그리 어렵지 않습니다. 인공지능이나 헬스케어 기업, 플랫폼회사가 유망하겠죠. 제조업은 쉽지 않겠지만 특허를 보유했거나 가격 경쟁력이 있다면 이야기가 달라질 수 있습니다.

저는 앞으로 빠르게 변할 세상에 대해 이 회사가 어떤 비전을 가졌는가를 주로 봅니다. 회사가 망하지 않고 잘 성장하고 있는지, 빚은 얼마나 있고 이익은 얼마나 되는지, 위기가 왔을 때 버틸 수 있는지를 봅니다. 무엇보다 중요한 것은 경영진입니다. 결국 경영진의 철학이 회사의 비전과 성장을 담보한다고 생각하기 때문입니다.

Q 기업을 고를 때 시가총액을 보는 이유는 무엇인가요? 시가총액이 중요하다면 그 이유도 무엇인지 알고 싶어요.

A 단순히 절대가격만을 가지고는 회사의 가치를 측정할 수 없습니다. 발행 주식의 숫자가 회사마다 다르기 때문이죠. A사의 주식이 5만 원이고 B사의 주식 1만 원이라면, 사람들은 B사의 주식이 더 싸다고 생각합니다. 그런데 모든 조건이 같지만 A사는 1천만 주의 주식을 발행했고 B사는 1백만 주를 발행했다면, A사 주가는 B사 주가의 10분의 1이 되겠죠.

'발행 주식 수 × 주식가격 = 시가총액'입니다. 즉 시가총액은 그 회사의 가치가 되므로 주가는 단순히 절대가격으로 비교하면 안 됩니다. 절대주가는 기업의 가치를 나타내지 못합니다.

가령 LG생활건강이 주당 116만 원인데 너무 비싸다든지, 삼성전자는 지금 사도 되는 가격인지 등의 질문을 많이 받는데 그때마다 제 대답은 한결같습니다. LG생활건강이든 삼성전자든 현대자동차든, 절대가격이 아니라 회사의 시가총액을 보고 판단해야 한다고 말이죠.

시가총액이 늘어난다는 것은 경쟁력이 높아진다는 뜻입니다. 시가총액이 30조 원인 회사와 50조 원인 회사가 있을 때 기업 경쟁력은 후자가 훨씬 더 큽니다. 펀더멘털이 좋아서 주식가격이 오르게 되고, 주식가격이 오르게 되면 기업의 펀더멘털 또한 좋아집니다. 많은 회사들이 시가총액에 신경을 써야 할 이유입니다. 시가총액이 높게 형성되려면 투자자들의 신뢰를 높여야 하고, 기업지배구조를 향상시켜야 합니다. 아마존, 테슬라가 좋은 예입니다. 주식이 비싸지니 기업의 펀더멘털이 좋아지고 자금조달비용이 낮아지며 좋은 인재를 싸게 데려올 수 있습니다.

애플 경쟁력이 대단한 것은 3천조 원이 넘는 높은 시가총액 때문입니다. 그래서 끊임없이 M&A가 일어납니다. 시가총액이 낮으면 M&A가 일어나기 힘듭니다.

시가총액이 큰 엄청난 부자 기업이 일하는 것과 돈을 아껴야 하는 기업이 일하는 것은 다를 수밖에 없습니다. 좋은 회사는 더 잘될 수밖에 없습니다. 시가총액 증가는 그만큼 중요합니다.

3

회사의 재무 상태를 제대로 이해하라

어떤 기업에 투자하기 위해 기업탐방을 갈 때 우리는 사전에 재무제표를 읽어보고 충분히 숙지하고 방문한다. 여기에는 기본적인 재무제표와 영업보고서, 증권사의 실적 추정 보고서, 공시나 감독기관에 보고하는 공시사항들이 포함된다.

재무제표가 해당 기업을 알아보는 데 얼마나 중요한 서류인지를 잘 인식해야 한다. 그러면 재무제표에서는 무엇을 잘 살펴야 회사의 재무상태가 어떻게 돌아가는지를 파악할 수 있을까?

매출 규모와 매출증가율

나는 가장 먼저 회사의 매출 규모와 매출증가율을 살펴본다. 매출은 회사의 영업환경과 수익 모델을 평가하는 다양한 의미를 내포하고 있기 때문에 회사에 대한 호기심을 자극하는 시발점이 된다. 매출 규모는 회사의 규모와 성장성을 파악하는 중요한 지표로, 매출이 일정 금액 수준이 되지 않는 회사는 성장성이 높은 업종에 속한다 하더라도 투자하기에는 적합하지 않다.

매출증가율을 볼 때는 최근 것만 보는 것이 아니라 일정 기간 동안 지속적으로 매출이 증가하는지 여부를 체크한다. 매출이 안정적으로 늘어나는 것이 가장 좋은 것은 말할 필요도 없고, 혹여 일시적으로 매출 볼륨이 정체하거나 감소했다면 반드시 그 원인을 파악해봐야 한다.

부채와 이익

수익률이 일관성 없이 들쭉날쭉하거나 사업성이 의심되는

경우에는 재무제표를 다시 검토한다. 이때는 대차대조표와 현금흐름표를 다시 한 번 본다. 부채가 일정하다고 가정할 때 대차대조표에서 자산을 과대 포장하면 이익이 늘어나는 효과가 있다. 또는 부채를 축소해도 이익이 늘어나는 효과가 있다. 그러므로 대차대조표에서는 매출채권이 갑자기 늘었다든가 부채가 갑자기 감소했다면 분식회계 가능성이 있는지 검토한다.

분식회계는 기업이 고의로 자산이나 이익을 부풀려서 계산하는 것으로, 주식가격을 부풀리려는 목적이거나 자금 융통을 원활하게 하기 위한 경우가 많다. 없는 재고를 있는 것처럼 꾸민다든지, 상품성이 현저하게 떨어진 악성 재고를 정상 재고처럼 부풀려 과대 계상하는 방법, 매출채권에 대한 대손충당금을 적게 잡는 방법 등이 전형적인 자산 부풀리기형 분식회계다.

부채 쪽에서는 부채를 누락시켜 이익을 늘리거나 단기 차입금을 장기 차입금으로 분류하여 유동성이 좋은 것처럼 포장하는 경우들이 많다.

이런 것들은 재무제표를 일정 기간별로 비교하거나 현금흐름표를 분석하면 어느 정도 파악할 수 있다. 실제로 기업을 방문해 경영진과 면담을 하는 과정에서 알아내는 것이 가능하다. 방문하기가 힘들면 전화나 이메일로 문의가 가능하다. 최근에는 많은 기업의 대표이사가 온라인으로 일반 주주들과 직접 소통을 하기도 한다. 이런 기회를 회사를 좀 더 파악하는 방법으로 사용할 수도 있다.

어떤 기업은 감가상각 방식을 변경해 분식회계를 하기도 하는데, 이 역시 재무제표를 주석으로 표시하기 때문에 그 수치를 파악해서 실제 영업력에 어떤 변화가 있는지 알 수 있다.

투자와 효율성

재무제표를 볼 때는 매출과 이익 외에 해당 기업이 어떤 사업에 언제, 얼마만큼 투자를 하고 있는지도 살펴봐야 한다. 투자자금이 큰 경우 투자가 매출과 수익으로 이어져 투자비를 회수하기까지 오랜 기간이 걸리고, 투자가 일회성으로 그치는 것이 아니라 재투자를 해야 하는 경우가 많다. 따라서 대규모 투자를 하는 기업이라면 일단 투자의 질과 내용을 파악할 필요가 있다.

재무제표를 잘 살펴보면 해당 기업이 어느 정도 투자를 하고 있는지 파악할 수 있다. 운전자본이 지속적으로 줄거나 늘어나는 경우, 감가상각비가 급격하게 증가하는 경우, 차입금의 증가 속도가 비정상적으로 빠른 경우 등은 투자가 진행되는 경우다. 과다한 투자가 진행 중일 때는 투자하기에 썩 매력적인 상태는 아니다.

지금은 많이 달라졌지만 과거에는 투자 효율을 따지지 않고 경영자의 직관에 의한 투자를 하는 경우가 많았다. 충분한 지식 없이 내린 결정은 회사를 부실하게 만들고 심지어 도산하게 만드는 사례도 적지 않았다.

수익성

회사의 외형도 중요하지만 더 중요한 것이 수익의 지속성이다. 장기투자의 성공은 기업이 얼마나 돈을 버는가, 즉 기업의 수익 능력에 달려 있기 때문이다. 일반적으로 회사의 수익성을 보기 위해서는 매출액 대비 영업이익이나 순이익,

EBITDA 등을 활용한다. 매출액 대비 영업이익이나 순이익은 간편해서 회사의 수익성을 파악할 수 있지만, 회사의 특별이익이나 특별손실이 생겼을 때 실제 수익률을 반영하지 못하는 단점이 있다.

그래서 EBITDA를 사용한다. EBITDA는 세전 영업이익에 감가상각비 등 현금유출이 없는 비용(무형자산 상각비)을 더하고 제세금을 더한 숫자로 파악한다. EBITDA를 파악할 때는 특별이익이나 특별손실은 감안하지 않기 때문에 영업으로 창출하는 현금흐름을 비교적 정확하게 파악할 수 있다.

시장점유율

기업에 투자할 것인가, 말 것인가를 판단할 때 EBITDA는 중요한 부분이다. 앞서 말했듯이 EBITDA가 높다는 것은 기업이 돈을 잘 벌고 있고, 기업 내 현금흐름도 좋다는 뜻이다. 그러나 높은 이익률은 주식가치를 단기간에 고평가 상태로 만들 우려가 있고, 경쟁자의 시장 진입을 촉진해 영업환경을 레드오션으로 바꿀 위험도 있어 주가에 악영향을 미칠 수 있다. 그래서 이윤은 적정한 수준으로 유지하고 매출을 늘려가는 것이 중장기적으로 유리할 수 있다.

시장이 초기 단계일 경우, 수익을 재투자하여 시장점유율을 늘려가면서 업종 내 대표기업이 되는 것도 바람직한 방향이라고 생각한다. 일단 시장지배력이 있는 회사가 되면 실질적인 현금흐름이 좋아지고 영업이익률도 높아질 가능성이 훨씬 커진다. 그런데 이렇게 시장점유율을 늘려가다 보면 마진율이 낮은 영업도 해야 하는 경우가 발생한다.

이는 앞서 설명한 투자수익률 측면에서 회사가치를 떨어뜨리는 결과를 낳을 수도 있다는 문제를 야기한다. 이때 판단 기준은 기회비용이다. 향후의 시장점유율 증대가 가져올 수익의 규모가 현재 영업이익률의 훼손을 커버할 만큼 큰 것인가를 판단해야 한다.

4

저평가된 기업들

투자자들 입장에서 다행인 것은, 한국 주식시장이 과거 20년 전보다는 발전했지만 많은 주식이 제대로 평가받지 못하고 있다는 사실이다.

한국의 주식시장은 주가지수 산출 시 대기업의 비중이 너무 높기 때문에 현재 주가지수를 유지하고 있지만, 20대 기업을 빼고 나면 나머지 기업의 주가지수는 굉장히 낮은 수준이다. 이 말은 많은 기업이 아직도 제 가치대로 평가받지 못하고 있다는, 즉 저평가된 숨은 진주가 많다는 것이다. 또 현명한 투자자들에게는 그만큼 큰 수익을 올릴 기회가 남아 있고, 투자해서 얻을 게 많다는 뜻이기도 하다.

시장의 비효율성을 이용하라

한국의 주식시장에서 큰돈을 벌 기회가 있다는 것은 거꾸로 말하면 시장이 아직 효율적이지 못하다는 이야기가 된다. 주식시장이 효율적이지 못하기 때문에 현재 시장의 가치가 제대로 평가받지 못하고 있지만, 앞으로는 더 좋아질 가능성이 있다는 것이다. 이럴 때 혼신을 다해서 찾아야 하는 기업이 바로 높은 기업가치를 가지고 있음에도 불구하고 대중적인 인기를 얻지 못한 기업이다. 기업가치가 아직 알려져 있지 않아서 주가가 낮은 기업, 기업가치 대비 저평가된 기업을 찾는 노력을 기울여야 한다.

높은 기업가치를 가지고 있음에도 불구하고 과도하게 저평가된 기업을 찾으면 그야말로 진흙 속의 진주를 찾아낸 것과 같이 큰 수익을 얻을 수 있다. 코리아펀드를 운용하던 시절 SK텔레콤의 전신인 한국이동통신에 주목한 것은 바로 한국 주식시장의 비효율성 때문이었다. 당시 SK텔레콤은 대단한 기업가치와 성장성을 지닌 회사였지만, 이를 제대로 측정하는 사람들이 없었다. 내가 SK텔레콤을 처음 매입했던 때는 1991년으로 주가는 3만 원에 불과했다. 회사의 가치에 비해 엄청나게 싼 가격이었다. 주가가 이미 충분히 싼 데다가 매년 100%씩 성장하는 회사였으므로 당시 SK텔레콤은 전 세계에서 가장 저렴한 주식이었을 것이다. 그래서 10년 후인 2001년에 6,000% 이상의 수익률을 올린 것이다.

나는 2001년 SK텔레콤 주식을 대량으로 매도했다. 저평가가 해소된 데다가 한국의 이동통신 시장이 포화되어 더 이상 성장 동력이 떨어졌다고 판단했고, 주주들에게 많은 배당을 줄 것이라는 기대감을 가질 수가 없었다.

많은 투자가 필요한 성장기의 회사들은 배당금을 줄 여력이 없다. 주주들도 배당을 원하지 않는다. 투자수익률이 높기 때문에 배당을 받는 것보다 유리하기 때문이다. 회사의 수익을 배당금으로 받는 것보다 그 자금을 회사가 투자함으로써 더 높은 투자수익률을 기록해 주가가 오르는 편이 금전적으로 더 유리한 것이다.

하지만 더 이상 고속 성장할 수 없는 산업에 속한 기업들은 회사의 이익금을 가능한 한 주주들에게 배당금으로 지급해야 한다. 그런데 한국의 많은 기업은 현금을 배당금으로 지급하지 않고 회사 내에 쌓아두고 있다.

회사가 투자도 배당도 하지 않고 현금을 적정한 수준보다 너무 많이 갖고 있으면 ROE● 가 낮아진다. 기업이 수익금을 주주에게 배당금으로 지급하지 않고 쌓아둠으로써 ROE가 지속적으로 낮아진다면, 주가 상승 여력 역시 줄어들 수밖에 없다.

ROE가 낮아졌거나, 주가가 상승해 기업의 적정가치에 수렴했거나, 기타 이유로 주가가 기업가치보다 오버슈팅되는 등 저평가가 해소돼 주가 상승 여력이 줄어들었다면 매도를 하고, 기업가치가 더욱 성장할 수 있는 회사로 전환할 수밖에 없다.

SK텔레콤은 그 후 주식가격만 보면 지지부진했다. 하지만 이동통신업에 새로운 변화가 생겼다. 자동차 자율주행이 현실화되면 이동통신사업도 새로운 성장 동력이 생길 수 있다. 지켜볼 가치가 있다.

● 자기자본이익률. 타인자본을 제외한 순수한 자기자본의 운용 결과를 나타내는 지표. 즉 이익을 자본금으로 나눈 식이다. ROE가 10%라면 자본금이 1,000원이라고 가정할 경우 연간 100원의 이익을 낸다는 뜻이다. 따라서 ROE가 높으면 일반적으로 주가가 상승하게 된다. 따라서 현금을 배당하지 않고 지속적으로 쌓아두면 분모인 자기자본이 커져 ROE가 낮아진다.

5

저평가된 기업가치를 알려주는 지표들

저평가된 주식을 고르는 일은 무척 흥분되는 일이다. 오랜 기간 갖고 있으면 주식가격은 회사의 내재가치에 수렴하게 되어 있고, 실제로 그렇게 되면 무척 흐뭇한 일이다. 때에 따라서는 단기간에 그렇게 될 수도 있지만, 어떤 경우는 수년이 걸린다. 흔하게 예를 드는 삼성전자의 경우 주가가 10만 원을 넘는 데 수년이 걸렸지만, 오랜 기간 투자한 사람들은 큰 부를 누릴 수 있었다. 그런데 이런 주식을 고르는 것은 정말 어려울까? 구체적으로 무엇을 보고 기업가치 저평가를 판단해야 할까?

사람들이 생각하는 것처럼 저평가된 기업을 판단하는 데

는 많은 공부가 필요하지 않다. 차트를 분석하고 이론을 공부할 필요 없이 다음의 몇 가지 중요한 지표만 이해해도 좋은 주식을 찾는 데 80% 정도는 도달했다고 할 수 있다. 금융감독원 홈페이지에 가면 기업들이 제출해놓은 보고서가 있으므로 알아내기도 어렵지 않다.

PER

PER(Price Earning Ratio, 주가수익비율)는 성장성과 함께 기업가치를 판단할 때 흔히 쓰이는 간단한 지표로, 특정한 해의 총이익을 총 발행 주식으로 나눈 수치다. 일반적으로 기업이 투자한 돈을 얼마나 빠른 시간 안에 회수할 수 있는지를 알려준다.

예를 들어 어떤 회사의 PER가 5라면, 이 회사가 꾸준하게 비슷한 이익을 실현할 경우 5년 만에 원금을 회수할 수 있다는 의미와 같다. 마찬가지로 어떤 기업의 PER가 10이라면 그 기업에 투자했을 때 10년이면 투자금을 회수할 수 있다.

PER가 20인 기업이 다음 해에 수익은 2배로 늘었는데 주가가 제자리걸음이라면, 이 기업은 PER가 10배로 낮아진다. 그다음 해에도 같은 상황이라면 PER는 5가 될 것이다. 성장이 빠르기 때문에 투자금도 빨리 회수할 수 있다는 의미로, 같은 업종의 비슷한 환경에 처한 기업이라면 당연히 PER가 낮은 기업이 저평가된 것이다.

만일 PER가 1인 회사에 투자했다면, 이 기업이 계속 같은 수준으로 수익을 낼 경우 1년이면 원금을 회수할 수 있고, 그 이후로 기업이 벌어들인 돈은 모조리 투자이익이 된다. 당연히 PER 수치가 낮으면 낮을수록, 같은 조건이라면 투자하기 좋은 기업이고 가치가 저평가된 기업이다. 그렇다면 PER가 높은 기업은 무조건 비싼 것일까? 성장성을 고려한다면 단순히 PER가 높다고 비싼 것은 아니다. PER를 성장률로 나눈 숫자를 PEG(Price Earings to Growth) ratio라고 한다.

만약 PER가 50이고 이익성장률이 25%라고 가정하면 PEG ratio는 2가 되고, PEG ratio가 낮을수록 PER가 급속도로 낮아진다. 따라서 단순히 PER가 높다고 해서 비싸다고 결론을 내리면 곤란하다. 안정적이지만 성장성이 둔화된 기업의 PER는 보통 낮게 거래된다. 은행이나 철강, 조선 등이 대표적인 업종이다. 어떤 기업이 저평가되는 데는 PER뿐만 아니라 많은 변수가 관여한다.

결국은 기업의 성장을 예측하는 능력이 투자의 성장을 가름한다. 그리고 기업의 성장을 이끄는 능력 중에 가장 중요한 요소가 경영진이다. 주식에 투자할 때 가장 중시해야 할 것이 결국 경영진의 자질인 이유다.

과거 유행했던 '저퍼주'라는 말이 바로 PER가 낮은 주식, 저 PER 주식을 말한다. 성장성이 높은 주식은 PER가 일반적으로 높고 반대인 경우는 PER가 낮다. 코스닥에 있는 하이테크 주식들의 PER는 20배, 30배가 되겠지만 음식, 시멘트 업종 등은 낮은 상태로 거래되는 이유가 그것이다.

EBITDA와 EV

PER는 기업의 자산에 대해 고려되어 있지 않고, 감가상각 등 실제 현금으로 들어오는 이익과 장부상 이익의 차이를 반영하지 못한다. 각 기업마다 감가상각의 규모와 방식이 다르기 때문이다. 이런 부분이 반영된 개념이 바로 EBITDA다.

EBITDA는 간단하게 말해서 회사의 총이익에 감가상

각 금액과 세금을 더한 것이다. 흔히 쓰이는 지표인 EV/EBITDA는 회사의 가치를 EBITDA로 나눈 것으로, 회사의 주가가 적당한지를 판단하는 데 큰 도움이 된다. 기업의 가치 EV는 간단하게 시가총액에 그 회사의 순현금 혹은 현금성 자산을 빼고 부채를 더한 수치다.

기업가치를 계산할 때 시가총액에서 현금을 빼거나 부채를 더하는 이유는 간단하다. 어떤 상장기업을 M&A했다고 가정했을 때 회사의 현금은 즉시 돌려받을 수 있기 때문이다. 따라서 실제 지불한 기업가치는 시가총액에 현금을 뺀 가격이 된다. 마찬가지로 부채가 있을 경우, 기업을 인수할 때 부채도 떠안게 되기 때문에 실제 지불한 기업가치는 시가총액에서 그만큼을 더한 것이다. PER만 가지고 보면 별로 싸 보이지 않는 주식도 EV/EBITDA를 보면 무척 싼 것을 알 수 있다. 상장기업인 한 화학회사의 예를 들어보자.

시가총액	1조 원
감가상각비	2,000억 원
세금	500억 원
순이익	500억 원
현금 및 현금성 자산	6,000억 원
부채	1,000억 원

위의 예에서 PER는 시가총액을 순이익으로 나눈 숫자이므로 1조 원 ÷ 500억 원 = 20이다.

그렇다면 EV/EBITDA를 구해보자.

EV(기업가치) = 시가총액 – 현금 및 현금성 자산 + 부채

= 1조 원 – 6,000억 원 + 1,000억 원 = 5,000억 원

EBITDA = 순이익 + 감가상각비 + 세금

= 500억 원 + 2,000억 원 + 500억 원 = 3,000억 원

EV/EBITDA = 5,000억 원 ÷ 3,000억 원 ≒ 1.7

PER는 20인 반면 EV/EBITDA는 1.7이다. EV/EBITDA가 1.7이라는 것은 주식이 엄청나게 저평가돼 있다는 것을 의미한다. 간단하게 설명하면 이 기업을 인수했을 때 1.7년 만에 원금을 회수할 수 있다는 말과 같다.

만약 이 기업이 미국에 상장돼 있다면 당장 적대적 M&A에 노출될 것이다. 주가가 형편없이 싸기 때문이다. 개인 투자자들도 마찬가지로 이러한 회사를 선택할 수 있는 안목을 가지고 있다면 높은 수익을 얻을 수 있다. 기업은 기업대로 적대적 M&A를 피할 수 있는 방법을 생각해야 한다. 그 방법의 하나가 주식이 재평가되도록 노력하는 것이다. 이런 기업들은 대부분 ROE가 현저히 낮다.

어떤 기업의 EV/EBITDA가 4라면 이 기업의 주가는 많이 저평가되었다고 볼 수 있다. 이 기업의 주가가 저평가됐다고 판단해서 주식을 샀는데 주식가격이 더 하락했다고 가정하자. 여러분은 어떻게 할 것인가?

주가가 만약 30% 정도 하락했다면 EV/EBITDA가 4에서 3 정도로 내려왔으니 더 공격적으로 매입하는 것이 현명하다. 이렇게 EV/EBITDA를 알고 투자했다면 주가가 하락하더라도 잠을 잘 수 있다.

이러한 기본 원리만 안다면 좀 더 쉽게 주식에 접근할 수 있다. 예를 들어 어떤 제약회사가 신약을 개발했다고 가정해 보자. 신약개발을 통한 이 회사의 주가이익은 어느 정도 될까? 전체 몇 퍼센트 정도가 늘어날까만 추정할 수 있다면, 회사가치의 변화를 쉽게 측정할 수 있다. 어떤 기업을 투자 대상으로 염두에 두었거나 이미 투자한 기업이 있을 경우, 기업들의 EV/EBITDA를 통해 저평가 여부를 판단할 수 있다.

PBR

기업의 저평가를 판단할 때 참고할 수 있는 다른 지표는 PBR(Price to Book value Ratio, 주가순자산비율)이다. PBR은 주식 가격을 주당 순자산으로 나눈 수치다. 주당 순자산은 기업의 순자산을 총 주식 수로 나누면 되는데, 기업의 순자산은 전체 자산에서 부채를 뺀 것이므로 기업이 보유한 자산 중 빚을 내서 마련한 것은 계산에서 제외해야 한다.

앞으로 그 회사가 벌어들이는 수익을 근거로 현재의 주가가 싼지 비싼지를 보여주는 것이 PER라면, 그 회사가 보유하고 있는 자산에 비해 현재의 주가가 싼지 비싼지를 판단하는 것이 PBR이다.

예를 들어보자. 어떤 회사의 총자산이 100억 원이고 부채가 20억 원, 발행 주식 수가 1,000만 주라면 주당 순자산은 (100억 원 - 20억 원) ÷ 1,000만 원 = 800원이다. 그런데 이 회사의 주가가 4,000원에 거래되고 있다면 PBR은 4,000원 ÷ 800원 = 5다. 만일 이 기업의 주가가 500원에 거래되고 있다면 PBR은 500원 ÷ 800원 = 0.625가 된다. 이 수치가 1이상이면 주식가격이 순자산보다 높은 경우고, 1 미만이면 주가가 순자산보다 싼 경우다.

따라서 PBR 수치가 작을수록 저평가된 기업이지만, PBR 수치가 높은 기업이 무조건 나쁜 것은 결코 아니다. 아직 크게 벌어놓은 것은 없지만 성장성이 높은 회사의 경우 PBR의 숫자가 높게 나올 확률이 높다.

PER이나 EV/EBITDA, PBR은 아주 간단한 수치지만 어떤 주식의 적정가치를 추산하는 방법의 80~90% 정도가 커버된다. 전문가들도 이 이상의 특별한 수치나 과학적인 방법을 쓰지 않는다. 같은 기업의 같은 수치를 놓고 전문가들 사이에도 의견이 다른 것은 단지 그 회사의 미래에 대한 예측이 서로 다르기 때문이다.

미래를 예측할 때는 기간을 1개월 후로 보느냐, 6개월 후로 보느냐, 5년이나 10년 후로 보느냐에 따라 맞힐 확률이 달라진다. 회사가 투명하게 경영되고 능력 있는 직원들을 보유한 회사라면, 1개월이나 6개월 후에 주가가 오른다는 확신은 못해도 5년이나 10년 후에는 분명히 기업가치가 훨씬 높아져 있을 것이다. 장기적인 예측이 훨씬 수월하기 때문이다. 장기투자를 해야 하는 이유다.

주식을 매매하기 전에 반드시 이 정도의 지식은 알아야 한다. 기초적인 지식이 없을 경우 어떤 종목이 사소한 뉴스에 상한가나 하한가를 쳤을 때 쉽게 부화뇌동하거나 패닉에 빠지게 된다. 몇 번 강조하지만 여기에서 언급한 정도의 내용들을 공부하는 데는 많은 시간이 필요하지 않다. 많은 시간을 투자하지 않아도 투자한 기업의 주가가 내려가면 추가 매수할 정도의 자신만의 투자철학은 가질 수 있다.

이외에 수치로 나타낼 수 없는 것들, 예를 들어 경영진의 경영철학이나 자질 등은 기업을 탐방하거나, CEO를 만나거나, 그 사람에 대한 기사나 책자를 보는 식으로 최대한 알아내야 한다. 이 정도는 누구나 할 수 있으므로 잘 찾아보면 초보투자자도 의외로 저평가된 주식을 발견할 수 있다. 주식에 투자하기 전 반드시 그 기업의 영업보고서를 읽어보아야 한다.

6

훌륭한 경영자가 회사의 미래다

전문적으로 주식투자를 하는 사람들에게 필수적인 것 중 하나가 바로 기업탐방이다. 기업의 실체를 보지 않고 투자하는 것은 물건을 직접 보지 않고 사용설명서나 제품소개서만 보고 사는 것과 마찬가지이기 때문이다.

사용설명서나 제품소개서 열 번을 보는 것보다 직접 한 번 사용해봐야 훨씬 더 제품을 잘 알 수 있는 것처럼, 기업에 관한 리포트에만 의존할 것이 아니라 직접 찾아가서 회사와 공장을 보거나 일하는 직원들의 태도를 보거나 경영자의 경영 마인드를 살펴보는 일은 굉장히 중요하다.

주식투자의 처음과 끝은 끝없는 기업 탐구

투자의 처음과 끝은 '끝없는 기업 탐구'다. 주식투자란 기업의 펀더멘털을 알려고 끊임없이 노력하고, 기업에 대해 연구하고 공부하는 것의 연속이다. 기업에 대한 공부를 통해 좋은 기업을 발견하고, 저평가 여부를 판단해서 주식을 사고, 장기투자로 자신이 분석한 기업가치가 주식가격에 실제로 반영되면 큰 수익과 보람을 얻게 된다. 펀드매니저인 경우 고객의 자산을 불렸다는 생각에 뿌듯함과 행복을 느낀다.

우리 팀의 경우는 투자 여부를 결정하기 위해 반드시 회사를 방문한다. 그리고 회사를 방문하기 전에 꼭 숙제를 한다. 그 회사에 관해 가능한 한 많은 정보를 가지고 가야 투자 판단에 도움이 되기 때문이다.

기본적으로 회사의 대차대조표, 손익계산서, 현금흐름표 등을 분석하고, 그 회사의 경쟁력이나 회사가 속한 산업의 업황도 파악해본다. 나는 그 회사뿐만 아니라 그 회사의 경쟁사, 거래 은행 등 가능한 한 모든 근거를 동원해 회사의 전반적인 사항에 대해 이해를 높인다.

기업 방문 결과 내 돈을 맡겨도 괜찮겠다는 생각이 들면,

기업이익에 비해 기업가치가 어느 정도인지 판단할 수 있는 EV/EBITDA와 PER 등 투자 지표를 세밀하게 분석해본다.

기업에 관한 여러 가지 평가사항이 괜찮다고 판단하더라도 아직 투자 결정을 하지는 않는다. 마지막 관문인 경영자에 대한 판단이 남아 있기 때문이다. 빌 게이츠가 없는 마이크로소프트, 워런 버핏이 없는 버크셔 해서웨이를 생각할 수 없듯 경영진의 자질은 기업의 성과에 큰 영향을 미친다. 따라서 투자를 결정하는 요소 중 가장 중요한 것이 경영진의 자질이다.

경영진의 자질을 한 가지로 정의하는 것은 힘들다. 경영진의 자질은 능력뿐만 아니라 교육 정도, 도덕성, 주주들의 권리에 대한 이해도, 지식, 배경 등 많은 것을 포함하기 때문이다. 회사가 속한 산업의 업황이나 기업환경이 아주 좋은데도 불구하고 대주주나 경영진이 기업가치를 손상한 사례는 너무나도 많다. 이것이 바로 내가 투자할 기업을 결정할 때 경영진의 자질을 가장 중요한 요소로 판단하는 이유다.

기업을 분석할 때 또 하나 중요한 것은 비슷한 외국 기업과 비교하는 것이다. 똑같을 수는 없지만 외국의 비슷한 회사와 비교함으로써 한국 기업 분석에 적용하면 많은 도움이 된다. 내 경험으로 볼 때 대부분의 한국 기업들이 외국 기업보다 싸게 거래되고 있다. 한국 시장이 저평가돼 있다는 명확한 증거다.

한국 기업들 중에는 뉴욕증권거래소에 상장돼 있다면 주가가 2배, 3배가 될 수 있는 주식들이 많다. 엄청난 부의 창출이 가능한 것이다. 유감스러운 것은 한국 기업들이 뉴욕증권거래소의 상장 요건을 충족시키려면 지금보다 훨씬 더 경영이 투명해져야 한다는 점이다. 기업의 투명성 확보는 우리 국민들과 기업의 경영진을 비롯한 주주들이 반드시 해결해야 하는 문제다.

잘 알다시피 IMF 때 많은 기업이 파산했다. IMF 때 문을 닫은 기업을 연구해보면, 결국 지배구조가 열악하거나 경영진의 능력과 자질이 현저히 열등했기 때문인 것이 대부분이다. 기업은 결국 사람이 운영하는 것이기 때문이다. 따라서 경영진의 도덕성이 문제가 되거나 경영진의 능력이 떨어진다면 그 기업의 주가는 올라갈 가능성이 희박할 뿐만 아니라 기업의 존폐 자체도 불투명해진다. 회사가 잘돼도 주주들이 그 과실을 가져갈 가능성이 희박하고, 경영진의 무능 때문에 회사가 잘 안 된다면 당연히 주가는 오르지 않을 것이다.

기업탐방, 회사를 직접 방문해보는 것이 필요하다

주식에 투자하는 것은 기업체를 인수하는 것과 같으므로, 그 과정 역시 기업체를 인수하는 것과 마찬가지로 해야 한다. 그래서 우리 투자팀은 투자 결정을 하기 전에 반드시 지키는 확고한 기본철학이 있다. 바로 해당 기업을 여러 번에 걸쳐 방문하는 것이다. 기업뿐만 아니라 경영진과 경쟁사, 고객, 하청업체들의 의견을 종합적으로 검토한다. 그 기업의 주식을 한 번 사면 오랜 기간 투자되어야 하고, 그렇게 하지 않더라도 적어도 3년에서 5년 정도는 투자하는 까닭에 동업하는 것처럼 생각하고 결정하는 것이다.

IMF 경제위기가 닥치기 전 나는 국내의 은행들을 방문했다. 리포트에 나타나지 않은 것들을 알아보기 위해서였다. 당시 한 은행의 임원에게 "은행의 목표가 무엇입니까?"라고 물었다. 지금도 기억나는 그분의 답변은 "사회에 이윤을 환원하는 것"이었다. 물론 그럴듯해 보이는 답이었지만 그때나 지금이나 은행에 관한 내 생각은 그분과 다르다.

은행 역시 이윤을 추구하는 기업이다. 은행도 어디까지나 주식회사이며 주식회사는 이윤을 추구해 그 과실을 주주들과 공유해야만 한다. 그런데 그분은 경영진의 일원인데도 불구하고 이런 측면을 간과하고 있었던 것이다.

당연히 나는 그 은행의 주식을 보유하지 않았다. 이런 개인적인 소신을 유지했기 때문에 굴지의 은행들이 무너지는 와중에도 코리아펀드는 큰 손실을 피해 갈 수 있었다.

훌륭한 경영자의 공통점

훌륭한 경영자를 선택하는 것은 주식의 미래가치와 직결되는 문제다. 나는 기업탐방 등에서 최고경영자를 만나는 것을 좋아한다. 경영자의 자질이나 도덕성, 기업철학 등은 그 기업에 투자할 것인가 말 것인가를 결정하는 데 매우 중요한 요소이기 때문에 회사 방문은 꼭 필요하다.

회사를 방문해서 경영자를 직접 면담하지 않으면 경영자에 대한 판단을 리포트를 통해 간접적으로 할 수밖에 없고, 문서를 보고 사람을 판단하면 필연적으로 오류가 생긴다. 금융감독원에 제출하는 보고서나 재무제표만 보면 경영자의 자질이나 도덕성, 기업철학을 결코 알 수 없다.

훌륭한 경영 성과를 낸 분을 만나면 훌륭한 동업자를 만난 것처럼 기쁘다. 그분의 경영철학을 배우고 싶고, 그 회사에 더 많은 투자를 하고 싶어진다. 그런데 유감스럽게도 개인 투자자들이 경영자를 직접 만나기는 쉽지 않다. 하지만 회사의 사업 내용이나 과거 이력 등을 보면 경영자의 업무 스타일이나 능력을 어느 정도 파악할 수 있다.

많은 경영자를 만나보면서 훌륭한 경영자는 공통점이 있음을 알게 됐다. 훌륭한 경영자는 항상 회사의 상태를 최상으로 유지하도록 노력한다. 현재 시점에서 기업의 가장 중요한 이슈를 파악하고 있고, 이와 관련된 적절한 대책을 갖고 있다. 예를 들어 투자를 결정해야 하는 경우, 우수한 경영자는 투자의 수익과 필요한 자금 수급, 투자로부터 발생하는 수익률을 잘 파악하고 있다. 이를 주주와 채권자에게 잘 설명하고 자금을 조달하며 이와 관련한 영업이 잘 돌아갈 수 있도록 직원들을 독려한다.

경영자들을 만나보면 의외로 회사의 자기자본이익률(ROE)이 얼마인지 모르는 사람들이 많다. 이는 회사의 수익구조를 잘 모른다는 점을 방증하는 것이다. 유능한 경영자는 원가 개념을 정확하게 파악한다. 이 사업에서 발생하는 비용은 어떤 것이고, 매출에서 차지하는 비중이 얼마나 되는지를 잘 안다. 사업이 어느 정도의 볼륨이 돼야 안정적인 영업이익률을 올릴 수 있는지를 알고, 어떻게 해야 그 수준이 될 수 있는지를 파악하고 있다. 이런 경영자가 있으면 회사의 비전은 밝다.

사업의 세계에서 많은 돈을 들여 경쟁 우위를 확보하려면 그만큼 많은 리스크를 부담해야 한다. 하지만 훌륭한 경영자는 리스크를 최소화하여 경쟁에서 이길 수 있는 방법을 선택하고, 시장이 그쪽으로 움직이도록 유도한다.

훌륭한 경영자는 회사의 주인인 주주들이 무엇을 원하는지도 잘 파악한다. 물론 이때의 주주는 특정한 대주주가 아니라 전체 주주를 말하는 것이다. 내재가치보다 비싼 값을 주고 자산을 매입하거나 내재가치보다 싼 값에 신주를 발행하는 등의 행위를 해서는 안 된다는 사실도 잘 알고 실천한다. 예를 들어 회사의 ROE가 20%라면, 어떠한 경우에도 신주를 발행해서 모은 자금을 투자해 수익률이 5~10%밖에 안 되는 사업을 하지 않는다. 회사가치를 떨어뜨리는 경영활동이기 때문이다.

훌륭한 경영자는 회사의 수익금을 주주들에게 배당하는

것이 좋을지, 자사주를 매입해서 주식가치를 올리는 것이 더 유리할지를 이해한다. 상황을 종합적으로 판단하여 주주의 이익을 위해 올바른 의사결정을 한다.

이런 판단 능력에 더해 원가 개념이 확실하고 주주들을 위한 경영을 하는 경영자가 있으면 투자자들이 몰려든다. 투자자들이 신뢰하기 때문에 주식가치도 올라가고 이는 시가총액의 증가로 이어진다. 경영자에 의해 회사의 가치가 올라간다는 것은 엄연한 사실이다. 장기적으로 시가총액이 늘어나게 되면 회사의 자금조달비용이 줄어든다. 자금조달비용이 줄어들면 경쟁사에 비해 우월한 지위를 갖게 된다. 경영진이 어떤 생각을 갖느냐에 따라 기업의 가치가 증가하는 선순환이 될 수도 있고, 그 반대가 될 수도 있다.

7

좋은 기업은 너무나 많다

지금 주식시장은 지난 30년처럼 저평가된 주식이 여기저기 널려 있지 않을 수도 있다. 현명한 투자자들이 많아져 10년 후 수십 배, 수백 배 오를 종목이 예전보다 상대적으로 줄어들었을지 모른다.

지배구조에 관한 한 지금은 만족스러운 상태가 아니지만 앞으로는 좋아지리라 생각한다. 한 번 시작된 흐름이 후퇴하기는 쉽지 않기 때문이다. 지배구조가 좋아지면 기업은 당연히 주가가 크게 오르게 된다. 좋은 기업들과 나쁜 기업들의 차이는 벌어질 수밖에 없고, 자금조달비용이나 낭비가 큰 기업은 살아남기 어렵다. 지배구조가 나쁜 기업들은 살아남기 어렵기 때문에, 기업의 주가를 억누르는 나쁜 요인들은 점차 사라질 수밖에 없다.

전환사채, 신주인수권부 사채 발행이 잦은 회사는 투자 유보

나는 기업이 신주를 발행하는 것을 달가워하지 않는 편이다. 전환사채•나 신주인수권부 사채•• 등 잠재 주식이 있는 채권을 발행하는 것은 더더욱 좋아하지 않는다. 이런 사채들은 발행될 때마다 불필요한 가격 급등락으로 기업의 가치에 혼란을 줄 뿐만 아니라, 이런 상황을 즐기는 경영자나 대주주는 다른 주주들에게 손해를 끼치는 경우가 많다.

이러한 잠재 주식들은 주가를 인위적으로 올리거나 내리는 데 필요한 재료로 많이 사용되고, 주식투자의 투기적인 요소를 자극하는 요소가 있을 뿐만 아니라, 주식으로 전환될 경우 주주가치를 훼손할 가능성이 높다.

• 일정 기간 경과 뒤 소유자의 청구에 의해 주식으로 전환할 수 있는 사채
•• 사채를 발행한 회사가 신주를 발행했을 때 이를 매수할 수 있는 권리가 부여된 사채

예를 들어 신규 투자자금이 필요한 A라는 회사가 자금 조달을 위해 전환사채를 발행한다고 가정하자. 전환사채를 발행하는 회사는 당연히 발행 조건을 유리하게 만들고 싶어 한다. 그런데 사채를 발행할 때 발행 조건은 시장금리와 회사의 신용등급에 따라 결정되므로 조정이 쉽지 않지만, 전환가격은 기준 시점의 주가에 의해 결정되므로 조정의 여지가 있다.

따라서 회사나 대주주 입장에서는 발행 조건을 유리하게 하기 위해 전환가 산정의 기준이 되는 주식가격을 올리려고 애를 쓴다.

전환가격을 높이면 향후 주식 전환 시 주식 발행 초과금이 많아져서 재무구조가 좋아지고, 잠재 주식 수가 상대적으로 줄어들어 기존 주주에게 유리해지기 때문이다. 증자를 할 때와 유사한 상황이 되는 것이다. 이런 이유 때문에 어떤 기업이 전환사채 발행 공시를 할 즈음에는 실적이 좋게 나오는 경우도 있고, 호재성 뉴스를 터뜨리면서 주가를 올리는 현상이 종종 나타난다.

문제는 이러한 인위적인 주가 부양이 대체로 오래가지 못하고 얼마 지나지 않아 주가가 급락하는 등의 후유증이 생긴다는 것이다. 따라서 속사정을 모르고 달려든 개인 투자자들은 대부분 손실을 보게 된다. 그러다가 전환사채의 주식 전환일이 가까워지면 주가가 또 오른다.

이때의 주가 상승 역시 전환사채 보유자들로 하여금 높은 주가를 보고 혹하여 주식으로 전환하게 하기 위해 인위적으로 끌어올리는 경우가 많다. 회사 입장에서는 사채 보유자들에게 돈을 갚는 것보다 당장 자금이 나가지 않는 주식으로 전환해주는 편이 훨씬 유리하다고 믿기 때문이다.

이런 경우에도 회사가치와 아무런 상관 없이 인위적으로 주가가 오르내리게 된다. 그리고 인위적으로 올랐던 주가는 전환사채가 주식으로 전환되면서 늘어난 주식 수와 매도 물량으로 인해 다시 한 번 급락하는 경우가 많다.

다행히 주가가 오른 상태로 유지된다고 하더라도 주식 수 증가에 따른 주식가치의 희석은 피할 수 없다. 그리고 낮아진 주식가치는 언제든 주가 하락의 빌미가 될 수 있다. 늘어난 주식 수만큼 회사의 실적이 좋아지면 몰라도 주당 가치의 희석은 회사의 수익 악화와 동일한 효과가 있다.

신주인수권부 사채도 전환사채와 유사한 목적으로 발행되는데, 특히 대주주가 지분 확보용으로 발행하는 분리형

BW•는 잠재 주식 수의 증가로 주식가치의 희석에 직접적인 변수가 되어 좋지 않다. 분리형 BW의 주식 워런트를 대주주가 인수하는 경우 신주 발행 행사가를 낮추기 위해 인위적으로 주가를 떨어뜨리기도 하는데, 이러한 행위들은 정상적인 주가의 흐름을 방해하고 주식가치의 희석을 가져온다는 점에서 바람직하지 않다.

전환사채나 신주인수권부 사채 발행은 물론 회사 입장에서는 자본의 형태로 자금 조달을 함으로써 재무 안정성을 도모하려는 측면이 있을 수 있다. 그러나 이러한 결정이 전체 주주의 이익을 위해서라기보다 일부 대주주나 경영진을 위한 것이라면, 전체 주주와 대주주 사이에 이해 상충이 발생하게 된다. 일부 대주주의 경영권 방어 또는 대주주 특수관계자에게 주식을 저가로 편법 양도하기 위해 이러한 행동이 이뤄진다면 주주의 이익에 명백히 반하는 것이다.

따라서 전체 주주에게 도움이 되는 방향이 아니라면 이러한 특수사채의 발행은 적극적으로 반대해야 한다. 사업을 위해 자금 조달이 반드시 필요하다면 주식 수를 증가시키지 않

• 신주인수권과 채권이 분리되어 신주인수권만 따로 거래되는 형태

는 일반 회사채를 발행하는 것이 좋고, 재무 건전성을 좋게 하고 싶다면 투명하게 신주를 발행하는 편이 이런 문제의 소지를 없애는 방법이다.

투명경영

기업은 주주들의 것이다. 따라서 기업은 당연히 주주 중시 경영을 해야 한다. 기업이 돌아가는 사정을 주주들이 잘 알 수 있도록 투명한 경영을 해야 하며, 경영을 잘해서 주주들에게 배당을 해야 하고, 자사주 매입을 통해서 주주의 가치를 올려야 한다. 이 세 가지를 중요시하는 기업은 결코 투자자를 실망시키지 않는다.

한국의 대주주 중에는 유감스럽게도 회사를 자신의 개인재산으로 착각하는 사람들이 많다. 그래서 회사 돈을 마치 자신의 돈인 것처럼 수익성이 확보되지 않은 곳에 투자하기도 하고 개인재산을 불리는 데 사용하기도 한다.

분식회계 등을 통해서 재무제표조차 믿을 수 없게 만드는 경우도 있다. 장부와 실제 경영이 다른 기업을 투자자들이 알아보는 일이 쉽지는 않지만, 투명한 경영과 회계가 이루어지면 소비자들과 투자자들의 신뢰를 얻어 오랫동안 살아남을 수 있다.

많은 기업이 사업을 해서 얻은 돈을, 재투자가 이루어지지 않은 많은 돈을 사내유보금으로 쌓아놓고 아주 적은 금액만 배당한다. 한국의 상장기업들은 대부분 이익금의 20% 미만을 배당금으로 준다. 이는 주주의 불만 요소가 될 뿐 아니라 회사의 ROE를 떨어뜨린다. 그런데 우리나라 주식 투자자들은 배당금을 기업이 '선심 쓰는' 것으로 인식하는 경향이 있다. 이상하게도 회사와 대주주, 심지어 일반 주주까지 기업의 유 · 무형 자산이나 부동산, 기업 내에 쌓아둔 돈은 기업 자체의 소유거나 대주주의 것이라고 생각한다.

하지만 이는 잘못된 생각이다. 회사와 직원들이 열심히 일해서 벌어들인 이익은 본래 모든 주주들의 것이다. 회사에서 일하는 사람들에게는 월급과 성과급으로 계산이 끝난 것이고, 배당금으로 기업이 주주들에게 내놓는 자금뿐만 아니라 기업 내에 유보금으로 쌓아두는 것까지 주주의 것이라는 이야기다. 여기서 주주는 당연히 전체 주주를 의미한다.

기업을 평가하는 지표 중에 유보율이라는 것이 있다. 배당금 지급 후 축적된 이익을 자본금과 비교한 지표다. 가령 유보율이 500%라면 이익을 축적한 금액이 자본금의 5배라는 뜻이다. 유보율이 높으면 회사가 튼튼하다는 말인데 유보율이라는 지표를 사용하는 나라는 내가 아는 한 한국뿐이다.

높은 유보율은 주주 입장에서 좋은 점이 없다. 자금을 계속 투자해서 회사의 이익이 극대화돼야 하는데 많은 자금이 낮은 이자를 주는 은행에서 잠자고 있기 때문이다. 특히 회사의 ROE를 형편없이 낮게 만들기 때문에 현금을 과다하게 보유하고 있는 것은 바람직하지 않다.

요즘은 배당투자에 관심을 갖는 사람들이 많지만 몇 년 전까지만 해도 대부분의 투자자는 시세차익에만 관심이 있었다. 하지만 지속적인 저금리 기조와 고용 불안정이나 조기 퇴직으로 인한 수입 다변화 욕구, 평균수명의 증가로 인한 노후자금 대비 등을 이유로 배당과 배당주펀드에 관심을 갖는 이들이 늘고 있다.

제대로 된 기업이라면 이러한 변화에 맞게 배당 정책을 수립하고 투자자들에게 적극적으로 알려야 한다. 그러면 배당금을 받을 자격만 얻으면 주식을 팔아버리고 마는 투자자들까지 주식을 계속 보유하게 할 수 있다. 이렇게 함으로써 상승하는 주가는 고스란히 모든 주주와 기업, 직원들의 이익이 된다.

자사주 매입으로 주당 가치를 올리는 기업

아직 한국에서 많은 경우는 아니지만, 주주경영을 잘 이해하고 있는 경영자는 회사의 주가가 비정상적으로 하락하고 회사의 현금흐름에 여유가 있을 때 자사주를 매입한다. 해외의 경우는 대부분 매입한 자사주를 소각한다. 그만큼 주주들이 가진 지분의 가치는 올라가고, 이는 무엇보다 위험하지도 않고 손해 보지도 않는 투자이기 때문이다. 실증적으로도 주식 매입소각이 배당이나 단순한 자사주 취득보다 주주가치를 즉각적으로 개선한다.

주주 입장에서 배당은 투자이익의 회수라는 측면에서 더할 나위 없이 좋은 것이다. 하지만 배당에 대해서는 배당소득세를 내야 하는 반면, 주식 매입소각은 세금 부담 없이 보유 지분의 가치를 높이는 효과가 있다.

자사주 매입이 시작되면 유통 주식 수가 감소하고 사들인 자사주에 대해서는 의결권이 제한됨으로써 주주들의 주식가치가 상대적으로 올라가는 효과가 있다. 그러나 소각하지 않은 자사주는 언제든 시장에 출하되어 물량 부담으로 작용할 수 있고, 이때 의결권 역시 부활되기 때문에 주주 입장에서는 사실 주식의 물리적인 위치만 바뀌었을 뿐 주식 수가 감소한 것이 아니다. 일시적인 효과만 있다는 얘기다.

특히 경영진이나 대주주 입장에서는 매입한 자사주를 향후 있을지 모르는 인수합병 시 우호적인 제3자에게 넘기기 위해 보유하는 경우가 많고, 이는 결정적인 순간에 주식가치를 희석시키는 요소가 돼 실질적인 가치 향상에 한계가 있을 가능성이 크다.

자사주 매입소각은 이러한 문제점을 해결하면서 주식가치를 높인다. 매입소각의 효과는 즉각적이고 장기적으로 긍정적이다. 자사주 매입소각은 현금흐름이 일정 수준 이상이어야 하고 배당 가능 이익이 충분한 회사에서 할 수 있다.

다행히도 최근에는 주주 중심 경영을 위해 노력하는 기업이 많아졌다. 회사의 이익을 주주와 공유하기 위해 매년 이익의 40%를 배당하는 기업도 있고, 주가가 하락했을 때 이익으로 꾸준히 자사주를 매입하여 주당 가치를 올리는 기업들도 있다.

실적 악화 전망까지 주주에게 공개하는가 하면, 적극적이고 솔직하게 기업 설명 활동을 하기도 하고, 매월 실적을 발표하는 기업도 있다. 이렇게 적극적으로 주주를 위해 노력하는 기업에 투자자들이 주목한다면, 주주 중심 경영을 하는 기업도 점차 증가할 것이라는 기대를 가져볼 수 있다.

경영진이나 대주주가 일반 주주의 이익을 해치지 않는 기업

내가 한국 주식에 투자하는 동안 경험한 몇 가지 사례를 소개하고 싶다. 일반 투자자들에게도 도움이 될 것이다.

A는 실적이 아주 좋은 상장회사다. 과거 많은 이익을 냈고, 앞으로의 실적 전망도 아주 희망적이다. 향후 몇 년 동안 ROE 15% 이상은 문제없을 것 같다. 어느 날 회사는 갑작스런 발표를 한다. 그동안 벌었던 이익을 주주들에게 분배하는 대신 사업을 다각화한다는 것이다. 그런데 다각화하려는 업종이 문제다.

골프장을 설립해 레저사업을 한다는 것인데 ROE 향상은 커닝 적자를 볼 수밖에 없는데도 회사는 강행한다. 지어진 골프장은 대부분 대주주의 친인척이 사용할 것임은 너무나 자명하다. 이익은 주주들에게 돌아가야 한다는 가장 기본적인 사실이 무시된 것이다. 비슷한 경우로 대주주가 개인 돈으로 골프장을 짓고 그가 운영하는 회사가 골프회원권을 비싼 값에 대량으로 사주는 사례도 봐왔다.

이에 대해 경영진이나 이사회의 이사들은 아무런 죄의식을 느끼지 못한다. 대다수 주주의 권리를 인식하기보다는 당장 대주주의 눈치가 보이기 때문이다. 대주주의 행동을 더 적극적으로 정당화하는 경우도 있다. 미국 같은 경우는 이럴 때 주주들이 불만을 제기하고 이사회의 이사들에게 책임을 묻기 때문에 경영진이 대주주의 결정에 무조건 따르지 못한다.

우리나라도 이런 시스템이 정착돼야 한다. 한국에도 이 같은 문제에 제동을 걸 수 있는 법과 제도가 있지만 제대로 작동되고 있지 않다. 주식회사 대한민국의 장래를 위해 일반 주주나 국민들이 이를 제대로 인식할 필요가 있다.

한편 B사는 아주 전망이 좋은 자회사를 갖고 있다. 그런데 일반 주주들은 그 사실을 잘 모른다. 대주주는 자회사에 대해 애착이 크지만 다른 주주와 과실을 나눠 갖기를 원치 않는다.

그래서 가능한 한 그 자회사의 가치가 나쁘게 보이도록 한 후 헐값에 자신이 인수한다. 한국에서는 회사의 가치를 객관적으로 평가하는 방법이 대주주에게 유리하게 돼 있다.

그런가 하면 반대로 회사가 대주주의 개인자산을 비싼 가격에 사가는 경우도 있다. 이 역시 대주주에게는 이익이지만 대주주의 이익은 회사와 전체 주주들의 손해로 고스란히 전가된다. 참으로 어처구니없는 일 아닌가?

순환출자 등 비합법적인 방법을 통해 전체 계열사를 소수의 지분만으로 좌지우지할 수 있는 구조를 만들고, 이를 이용해 특정 개인과 가족이 전체 그룹을 소유하고 경영하는 기업구조를 만들려는 시도는 우리가 굳이 찾아보려 노력하지 않아도 뉴스를 통해 접할 수 있을 만큼 빈번하게 일어난다. 유명 기업 가족들이 신문지상을 떠들썩하게 하는 사건 대부분이 지분이나 후계자 문제와 관련돼 있다.

순환출자를 통해 특정 인물이 적은 지분으로 계열사와 인사권까지 장악하면 부실 기업에 대한 부당한 지원이 이뤄질 수 있고, 이는 건전한 모기업까지 망하게 한다. 실제로 모 컴퓨터회사가 적은 지분으로 순환출자를 통해 무리한 계열회사 확장에 열을 올리다가 실적 악화와 재무 부실, 경쟁력 약화로 파산하기도 했고, 형사처벌을 받기도 했다.

독립적인 기업들 사이에 이뤄지는 일반적인 시장 거래와 달리 같은 그룹 계열사 간에 일어나는 내부 거래는 지배 주주와 소액 주주 사이의 이해관계가 다를 경우 소액 주주로부터 지배 주주로 부가 이전하고 기업가치에 부정적인 영향을 미칠 수 있다. 소수의 이익을 위해 다수의 투자자들이 손해를 보는 이런 일들은 투자자들의 성숙한 의식과 기업의 투명 경영, 정부의 의지가 있으면 근절할 수 있다. 미국에서는 이러한 일이 일어나면 이사회나 경영진이 주주들로부터 소송을 당할 수 있고, 대부분의 경우 법정은 소액 주주들의 편을 든다.

아직도 한국에서는 일반 주주들의 이익이 훼손되는 경우가 잦다. 모든 경우와 사례를 일일이 말할 수는 없지만 권리를 찾는 것은 주주들의 몫이다. 당사자들의 이해가 걸려 있기 때문이다. 대주주나 경영자가 자신들만의 이익을 취하고 경영까지 악화시켜 주가가 하락하거나 파산하면, 정작 피눈물을 흘리는 사람들은 해당 기업에 투자한 일반 주주들이다. 투자자들은 손해를 보고 절망에 빠지며 심지어 빚더미에 앉기도 한다.

여론이 형성되어 투명한 기업문화가 정착돼야 한다. 어떤 회사에 10년 동안 장기투자했는데 펀더멘털에 의한 일이 아니고 대주주의 개인이익 추구로 인해 그동안의 투자가 훼손됐다면 심각한 문제가 아닐 수 없다. 손해 본 한 개인의 문제가 아니라 자본주의의 근간이 흔들리는 일이다. 따라서 우리나라 법원도 이 분야에 지속적인 관심을 갖고 공정한 판결을 해야 한다. 국가를 위해 매우 중요한 일이다. 투명하지 않은 기업은 기업문화뿐 아니라 사회의 부패를 조장하고 나아가 국가의 경쟁력을 떨어뜨린다.

소액 주주의 권리를 존중하는 기업

주식회사라는 개념 자체가 여러 투자자들의 자금을 모아 운영하고 이익을 나눠 갖는 것이기 때문에, 기업이 투명하게 경영되고 이윤이 공평하게 분배된다면 대주주와 소액 주주의 이해관계는 대립하지 않는다. 하지만 실제로는 경영자나 지배 주주가 소액 주주의 권리를 무시하거나 해치는 경우가 빈번히 발생한다.

국내 상장기업의 경우 지배 주주가 경영권을 행사하는 형태가 일반적인 데다, 이사나 감사들도 지배 주주 또는 대주주의 잘못된 경영 간섭을 당연시 여기고 대주주와 관련해서는 비합리적인 의사결정에도 관대하기 때문이다.

대주주가 직접 또는 이사를 시켜 회사 돈을 자기 돈 쓰듯 비자금을 조성해 위성 자회사나 해외회사를 만들어 돈을 빼돌린다든가, 우량 계열사의 자금으로 불량 계열사를 지원하는 등 다양한 형태로 주주의 권리를 마음대로 침해해도, 한국에서는 주주들이 할 수 있는 방법이 많지 않다. 그리고 이런 행위에 대해 이사들은 거수기가 되는 경우가 적지 않고, 주주 권리 침해에 대해 아무런 책임의식이 없는 이사들도 많다. 지배 주주와 소액 주주 간 이해 상충의 문제가 지속적으로 야기되고 있는 것이다.

그럼에도 불구하고 소액 주주 개인은 자신의 권리 행사를 위해 별다른 노력을 기울이지 않는다. 노력을 기울이고 싶어도 별다른 수단이 없다. 이 문제에 대한 사람들의 인지도가 낮기 때문이다. 지분이 적기 때문에 경영에 관심이 없고, 대주주의 횡포에 조직적으로 의결권을 행사할 만큼 단합돼 있지 않다.

자신의 권리를 소홀히 한다면 소주주와 대주주 간 이해 상충 문제는 해결되지 않는다. 나아가 경영진이나 이사회가 전체 주주의 이익을 대변하지 않고 대주주의 편에 서서 회사의 재산 관리를 소홀히 하게 된다. 이는 결코 사소한 문제가 아니다. 대부분의 기업이 정말 투명하게 운영한다 해도 일부 몰지각한 소수의 불투명한 기업 때문에 나머지 기업들이 도매금으로 넘어가 시가총액을 갉아먹는다. 대주주의 잘못된 행동 때문에 소액 주주들이 재산상의 피해를 보고 있는 것이다.

주식투자를 할 때는 당연히 앞서 언급한 일들이 일어나지 않는 기업, 장차 지배구조가 투명해지면 기업가치가 상승할 기업, 소액 주주를 중시하는 경영을 펼치는 기업을 찾아야 한다. 한국도 상당수의 기업이 소액 주주를 위하는 경영을 하고 있고 그 수가 늘어나고 있다.

많은 직원이 자기 회사의 주식을 갖고 있는 기업

직원들이 자신이 일하는 기업의 주식을 갖고 있으면 직원들의 이익이 주주들의 이익과 일치하게 된다. 회사의 이익과 자신의 수익이 직결되기 때문에 직원들은 더 열심히 일할 뿐 아니라, 기업의 손실이 곧 주주인 자신의 손실이기 때문에 주주의 역할과 책임을 다하게 된다.

이 경우 직원들은 대주주가 전체 주주의 이익을 해칠 때 맹목적으로 따르지 않을 것이다. 대주주가 회사의 가치를 훼손하면 직원들의 자산이 영향을 받을 수밖에 없기 때문이다. 직원들이 대주주의 잘못된 결정에 무조건 따르지 않고 두 번 생각하며 대주주의 횡포에 더 이상 협조하지 않으면 기업가치는 장기적으로 올라간다.

우리보다 자본주의가 더 발달한 미국의 경우, 샐러리맨들이 주식투자를 할 기회가 훨씬 더 많다. 스톡옵션이나 스톡그랜트를 도입한 기업이 많기 때문이다. 스톡옵션은 임직원들에게 회사의 주식을 액면가나 시세보다 훨씬 싼 가격으로 살 수 있는 권리를 주고 일정 기간이 지나면 팔 수 있게 하는 것이고, 스톡그랜트는 직원들에게 회사의 주식을 주는 것이다. 예를 들어 임금의 5~10%, 즉 월급을 100만 원 받는 직원이라면 5만 원이나 10만 원을 떼어 주식으로 주는 것이다.

스톡옵션이나 스톡그랜트는 직원들의 사기를 북돋워주는

한편, 주가가 올라가는 만큼 직원들도 돈을 벌기 때문에 회사의 주인 입장에서 더 열심히 일하게 만든다. 그야말로 직원들도 좋고 기업도 좋은 제도인 것이다.

불행히도 한국은 아직까지는 그런 기회가 별로 없었다. 직원에게 주식을 제공하는 문화가 정착돼 있지 않았기 때문이다. 최근 임직원에게 스톡옵션이나 스톡그랜트를 제공하는 기업이 상당히 증가하기는 했지만, 여전히 대부분의 직원은 자신이 다니는 회사의 주주가 아닌 직원의 역할만 하고 있는 실정이다.

하지만 다행히도 직원지주제도를 도입하는 기업이 점차 늘고 있다. 미국에서 시작된 직원지주제도는 유한킴벌리가 처음으로 한국에 도입했으며, 중소기업에서 특히 효과가 커서 이를 도입한 중소기업은 매출과 이익이 눈에 띄게 호전됐다고 한다. 우리사주제도라고도 불리는 직원지주제도는 회사가 배당우선권, 주식가격 할인, 주식대금 지불 방법의 특례 등으로 직원들의 자사 주식 매입을 지원하는 제도다.

직원에게는 주인의식 고취, 경영 참여, 재산 형성의 기회를 주고 기업에게는 유능한 인재 확보, 협력적 노사관계 확립의 기회를 준다. 직원지주제도의 문제점은 주가가 하락할 경우 직원의 재산 손실이 있을 수 있고, 주식을 소유한 직원과 주식이 없는 직원 간에 갈등이 있을 수 있다는 점이다. 스톡옵션은 원칙적으로 임원과 우수 인재가 대상이만 직원지주제도는 전 직원이 대상이 된다.

어떤 명칭으로 직원들이 주식을 소유하든, 주식투자는 오래 할수록 큰 자산을 형성하기 때문에 퇴직 후 큰돈을 손에 쥘 수 있게 된다. 중산층이 오늘날 미국을 지탱하는 힘이 된 것은 바로 주식투자 덕분이었다. 평범하고 가난한 많은 사람들이 주식투자로 부를 쌓으면서 중산층이 늘어난 것이다.

따라서 자신의 직장이 정말 좋은 기업이라면 회사에서 주식을 주지 않아도 회사의 주인이 돼야 한다. 억지로라도 월급에서 떼어 주식을 사면, 대주주와 마찬가지로 배당을 받고 주가 상승에 따라 자산도 증가한다. 직원으로 월급도 받고 기업의 주인으로 이윤도 공유해야 한다. 자본주의 세계에서는 노동자로만 머무는 게 아니라 동시에 자본가가 되어야 한다.

JOHN LEE'S THOUGHTS

QUESTION AND ANSWER

Q 주식 외에 환율에 투자하는 건 어떤가요?

A 달러 등 화폐는 헤지(hedge) 목적으로 사용하는 것이 좋습니다. 많은 이들이 헤지를 투자로 잘못 생각합니다. 주식에 투자하는 것은 그 기업에 투자하는 겁니다. 기업은 돈을 벌기 위해 열심히 일합니다. 즉 주식에 투자하는 돈은 일하는 돈입니다. 환율에 투자하는 것은 방향성에 투자하는 것이지 일하는 자산에 투자하는 것이 아닙니다.

Q 옵션(option)이나 선물(futures)에 투자하는 것은 어떨까요?

A 돈을 따기 위해 카지노에 가지만 결국 돈을 버는 것은 카지노입니다. 이와 별반 다르지 않습니다.

옵션이나 선물 거래에 개인의 자금이 이처럼 많이 들어간 시장은 한국밖에 없습니다. 기관들이 헤지용으로 하는 선물거래로 단기간에 돈을 벌겠다는 생각인데, 위험한 일입니다.

Q 레버리지 상품이 많이 나와 있는데, 좋은 투자 방법일까요?

A 레버리지 투자는 빚을 내서 투자하는 것입니다. 투자란 노후를 위한 것이며, 빚을 내면서까지 하면 큰 손해를 초래할 수 있습니다.

부동산과 달리 기업은 성장 과정에서 고용을 창출하며 경제를 발전시킵니다. 그러므로 기업에 투자하는 것은 훌륭한 일이지만, 지수 등락을 예측하며 레버리지나 인버스 상품에 투자하는 것은 위험한 방법입니다.

Q 배당률과 배당성향의 차이점은 무엇인가요?

A 채권에 투자하면 이자를 받듯이 주식에 투자하면 배당금을 받습니다. 배당이란 기업이 이익의 일부를 주주들에게 나눠주는 것인데, 현찰로 주기도 하고 주식으로 주기도 합니다. 주식에 투자할 때는 배당에 민감할 필요가 있습니다.

배당률은 배당금을 주식가격으로 나눠 구합니다. 가령 1년에 배당금이 500원이고 주식의 가격이 5,000원이라면 '500 ÷ 5,000 = 0.1', 즉 배당률은 10%입니다.

그리고 배당성향이란 기업의 당기순이익에서 배당을 한 총금액 비율입니다. 가령 당기순이익 100억 원에서 10억 원을 배당금으로 지급했다면 배당성향은 10%입니다. 따라서 배당성향이 높은 회사에 투자하면 배당금을 보다 많이 받을 수 있습니다.

Q 한국 기업들은 배당성향이 낮다는데 꼭 나쁜 것일까요? 현금을 쌓아두면 회사가 튼튼해서 상장폐지 가능성이 적으니 좋은 것 아닐까요?

A 주식투자에서 배당은 여러 가지 고려사항 중 하나입니다. 그런데 배당금을 주지 않거나 배당성향이 낮다고 해서 꼭 나쁜 것만은 아닙니다. 회사가 주주들에게 배당금을 주는 대신 그 돈으로 투자를 해서 더 큰 수익이 나온다면 그 편이 더 나을 수 있습니다.

다만 배당도 하지 않고 투자도 하지 않은 채 현금을 많이 쌓아둔 경우는 우려스럽습니다. 지금 한국 기업들의 대차대조표를 보면 굉장히 튼튼합니다. 하지만 쌓아놓은 현금을 배당하지 않는 것이 문제입니다. 현금이 잔뜩 쌓여 있으면 잘못 쓰일 가능성이 농후합니다. 편법으로 주주의 이익에 반하는 자회사를 설립하거나 회사의 영업과 관계없는 골프장을 짓는다거나 합니다. 결국 회사의 ROE가 낮아지는데 주주들에게는 불리하죠. 그래서 저는 배당성향을 기업지배구조의 관점에서 눈여겨봅니다.

8

좋은 펀드는 어떻게 알아보는가?

과거 수익률을 보고 펀드를 고르는 것은 가장 잘못된 방법이다

주식투자 경험이 많지 않은 독자들은 전 세계에 있는 수많은 회사 중에 어떤 주식을 선택해야 할지 고민해보았을 것이다. 따라서 많은 사람들이 흔히 언급하는 삼성전자, 테슬라, 애플 등 낯설지 않은 회사만 투자 대상으로 삼는다.

이런 유명한 회사들 이외에 전망이 좋은 기업들이 수두룩하다는 사실을 잊으면 안 된다. 또한 개별 주식에 투자하기보다는 펀드에 먼저 투자하기를 권한다. 삼성전자 주식만 사는 것보다는 삼성전자를 보유하고 있는 펀드를 사는 것이 현명하다. 이렇게 하면 적은 돈으로 꾸준히 분산투자할 수 있는 장점이 있고, 많은 시간과 노력을 들이지 않아도 되는 이점이 있다. 특히 세금 혜택을 받을 수 있는 퇴직연금이나 연금저축펀드 계좌를 통해 주식형 펀드를 매입하는 것으로 주식투자를 시작해야 한다.

해외에서는 펀드를 구입하는 창구로 대부분 퇴직연금 계좌를 이용하는 반면, 한국은 대부분 은행이나 증권회사를 통해서 구입한다. 투자 목적도 미국은 노후를 위한 것인 반면 한국은 단기간의 수익인 경우가 대부분이다. 단기간의 수익을 보고 주식을 자주 사고파는 것처럼, 펀드 역시 조금만 이익을 봐도 이익을 실현하려고 한다.

펀드도 주식과 마찬가지로 단기적으로 매매하는 것이 아니라 장기적으로 투자해야 한다. 주식투자를 할 때 이러저러한 면을 보듯이, 펀드를 고르는 것도 마찬가지다. 펀드도 동업자 정신으로 투자해야 하고 신중하게 결정해야 한다.

그런데 많은 이들이 펀드를 선택할 때 과거 6개월 혹은 1년의 수익률을 보고 투자한다. 과거의 수익률을 보고 펀드를 선택하는 사람들을 performance chaser라고 한다. 과거 6

개월의 수익률이 항상 반복되는 것이 아니다. 5년, 10년 동안 꾸준하게 좋은 성적을 내는 것이 중요하지 6개월의 수익률은 중요하지 않은데, 대부분의 사람들은 6개월의 수익률을 가장 중요한 잣대로 삼는다. 과거의 수익률을 기준으로 펀드를 고르는 것이 가장 잘못된 방법이다.

그렇다면 장기투자를 위한 펀드를 선택할 때 어떤 기준을 가져야 할까.

첫 번째, 주식을 고를 때 경영진의 자질을 중요시하듯 펀드를 고를 때도 가장 중요한 것이 펀드를 운용하는 자산운용사의 철학과 담당 펀드매니저의 자질이다. 자산운용사가 펀더멘털을 중시하고 장기투자 철학을 갖고 있는지 혹은 마켓 타이밍을 당연시하는 투자철학을 갖고 있는지 살펴보아야 한다. 담당 펀드매니저가 자신이 운용하는 펀드에 얼마나 많은 금액을 투자하는지도 중요하다. 물론 개인의 일이라 알 수는 없겠지만 그러한 기업문화가 존재하는지가 중요하다.

두 번째, 회전율을 살펴야 한다. 펀드매니저가 주식을 사고파는 비율을 회전율이라고 한다. 회전율이 지나치게 높다면 피하는 것이 좋다.

세 번째, 수수료를 꼼꼼히 살펴야 한다. 1년 수수료 1%의 차이는 10년이면 10% 이상의 수익률 차이로 돌아온다. 복리로 계산하면 훨씬 커진다. 비대면 계좌를 통해 자산운용사로부터 직접 매입할 때 수수료가 가장 저렴하다.

네 번째, 반드시 장기투자해야 한다. 자주 사고팔지 말고 여유자금으로 꾸준히 해야 한다.

다섯 번째, 펀드를 운용하는 회사에서 정기적으로 보내주는 투자보고서를 반드시 읽어봐야 한다. 펀드매니저가 의무감으로 형식적으로 작성했는지 고객과 깊이 소통하고 노력하는 흔적이 있는지가 중요하다. 펀드매니저의 철학이 고스란히 자산운용 보고서에 담겨 있지 않다면 심각한 문제다.

펀드의 종류와 구입 경로

펀드를 선택할 때 살펴보아야 하는 점들을 이해했으리라 생각한다. 이제는 펀드의 종류에 대해 알아야 한다. 과거에 비해 너무나 많은 종류의 펀드들이 탄생했고, 각종 펀드들의 장단점을 알고 투자하는 것이 매우 중요하다.

1) 액티브펀드vs 패시브펀드

전 세계에 있는 펀드들은 크게 두 가지로 나뉜다. 액티브펀드(active fund)와 패시브펀드(passive fund)다. 액티브형은 가장 전통적인 방식으로, 펀드매니저가 투자 매력이 있다고 판단되는 회사들의 주식들을 직접 펀드에 담는 방법이다. 펀드를 운용하는 회사들은 똑똑한 펀드매니저와 애널리스트들을 고용해 기업들에 대한 리서치를 하고, 투자자들이 수익을 나도록 노력한다. 펀드운용사들은 펀드자산 1% 미만의 운용수수료(계속 낮아지는 추세다)를 투자자들에게 부과하고 자산에서 제한다.

예를 들면 국내에 투자하는 대부분의 펀드는 액티브펀드이고, 모든 펀드매니저들은 지수 대비 초과수익을 내려고 노력한다. 투자 대상을 끊임없이 탐구하고 좋은 기업을 고르려는 노력을 기울인다. 또한 투자한 기업들을 끊임없이 관찰하고 필요시에는 기존 종목을 매각하고 새로운 기업을 담는 노력을 한다.

고객이 내는 수수료가 정당화되려면 펀드매니저는 지수 대비 초과수익을 내야 하는 부담이 있다. 펀드매니저나 애널리스트는 고객의 투자금으로 지수 대비 초과수익을 얼마나 냈는지로 승진 혹은 보너스가 결정된다. 다만 단기간의 성적으로 펀드매니저를 평가하는 자산운용사는 장기투자의 철학에 공감하지 않는 것이기 때문에 신뢰감이 가지 않는다. 미국의 자산운용사들은 보통 3년에서 5년의 성적을 가지고 평가한다.

패시브펀드는 액티브펀드의 반대 개념으로, 특정 지수에 포함된 주식 중에 사고 싶은 주식을 매입하는 대신 지수에 속한 모든 기업을 포트폴리오에 담는다. 굳이 개별 기업을 골라 매입하느니 모든 기업을 사는 것이 비용도 절감되고 지수 대비 수익이 적게 날 염려가 없다고 믿는 사람들에게 적합하다. 패시브 전략을 구사하는 대표적인 펀드는 요즘 많이 회자되는 ETF 혹은 인덱스펀드다.

2) ETF vs 인덱스펀드

ETF는 Exchange Traded Fund의 준말이다. 전통적으로 펀드를 구입하는 통로는 은행이나 증권회사의 창구였지만, ETF는 일반 주식과 마찬가지로 주식시장에서 매매거래를 통해 구입할 수 있다. 인덱스펀드(index fund)와 비슷한 구조를 갖고 있지만 인덱스펀드는 통상적으로 주가지수의 변동에 따라 수익이 결정된다. 코스피, 코스닥, S&P500 그리고 나스닥100 같은 지수에 투자하는 것으로, ETF와는 달리 상장되어 있지 않기 때문에 통상 증권회사를 통해 매입한다.

특정 종목에 투자하지 않고, 지수에 속한 모든 회사에 투자함으로써 비싼 펀드매니저나 애널리스트를 고용할 필요가 없다. 따라서 액티브펀드에 비해 수수료가 저렴하다.

ETF와 인덱스펀드는 투자전략은 비슷하지만 ETF는 시장이 열려 있는 동안은 언제든지 일반 주식처럼 사고팔 수 있다. 하지만 인덱스펀드는 지수의 종가 기준에만 수익률이 연동되어 있다.

패시브펀드는 수수료가 저렴한 것이 가장 큰 장점이다. 단점은 반드시 갖고 싶은 회사만이 아니라 모든 회사가 포함되므로, 사고 싶지 않은 주식도 포함되는 것을 피할 수 없다.

액티브나 패시브 펀드 모두 장단점이 있고, 특별히 어느 쪽을 선호할 필요는 없다. 시장의 특수한 상황에 따라서도 변할 수 있다. 자신의 성향에 따라 선택하면 된다.

3) 액티브 ETF

ETF는 앞에서 설명했듯이 패시브한 전략을 구사하는 펀드다. ETF는 추종하는 지수에 속한 모든 주식을 포트폴리오에 담고 있기 때문에 지수만 따라갈 뿐 초과수익을 낼 수 없다는 한계가 있다. 이러한 단점을 보완하기 위한 것이 액티브 ETF다. 아직은 시장 규모가 작지만 앞으로 크게 성장할 것으로 예상된다.

4) TDF

TDF는 Target Dated Fund의 약자로 고객의 은퇴 시점을 설정하고, 세월이 흘러가면서 자연스럽게 주식투자 비중이 줄어드는 펀드다.

주식이나 펀드에 전문지식이 없거나 시간이 없는 근로자들이 퇴직연금이나 기타 연금자금을 가장 손쉽게 투자하는 방법으로 TDF를 선택한다. 메리츠자산운용의 예를 들면, 메리츠TDF2050은 2050년을 은퇴 시점으로 가정하고 투자하는 펀드다.

5) 공모펀드 vs 사모펀드

불특정 다수에게 판매되는 것이 공모펀드다. 금융감독원의 심사를 거쳐 자격을 갖춘 자산운용사가 투자전략을 세우고 금융감독원에 각종 서류를 제출해 판매 허가를 받은 후에 다양한 판매 채널을 통해 불특정 다수에게 판매된다. 판매가 된 이후에도 자산운용사와 판매사는 법과 규정을 준수해야 하고, 이를 어길 시에는 큰 제재를 받게 된다. 일반 투자자들의 피해를 최소화하기 위해서다.

그 반대의 개념이 사모펀드다. 사모펀드는 불특정 다수에게 판매되는 것이 아니고, 일정 자격을 갖춘 기관이나 개인에게 판매된다. 기관들은 불특정 개인들보다 금융지식 레벨이 더 높다고 판단되고 또한 많은 자산을 갖고 있는 개인들도 높은 금융지식을 갖고 있다고 판단되므로, 공모펀드처럼 국가기관이 보호할 의미가 없다는 취지의 감독을 받는 펀드다. 공모펀드와 사모펀드의 차이를 잘 알아야 선택을 할 때 도움이 된다.

사모펀드라고 해서 무조건 부정적인 인식을 가질 필요는 없다. 공모펀드처럼 정부기관의 감독을 받지 않는 투자의 자유로움이 있기 때문에 보다 다양한 대상이나 투자 방법을 실현할 수 있는 장점이 있다. 우리가 흔하게 접하는 용어인 헤지펀드는 대부분 사모펀드다.

6) 로드(Load)펀드 vs 노로드(No Load)펀드

국내에서 펀드의 구입 경로는 대부분 은행이다. 그다음은 증권회사다. 은행이 지점 수가 월등하게 많기 때문에 모든 자산운용사는 은행의 막강한 판매망에 목말라하게 되고, 어떻게 하면 자신들의 펀드가 판매 창구에 진열될까를 노심초사하게 된다.

하지만 소비자 입장에서는 은행이나 증권회사를 이용할 경우 추가적인 판매수수료를 지불해야 하는 불리함이 있다. 이를 로드펀드라고 한다. 판매수수료가 있는 펀드라는 의미다.

반대로 판매사를 거치지 않고 자산운용사에서 직접 펀드를 구입할 경우 판매수수료를 지불하지 않거나 혹은 아주 적게 내는데, 이러한 펀드를 노로드펀드라고 한다.

미국의 경우 처음에는 일반 투자자들이 펀드라는 개념이 낯설어서 대부분 로드펀드에 가입했지만, 지금은 노로드펀드가 대세를 이룬다. 한국도 앞으로 그런 추세가 되리라고 생각한다.

주식 발행과 은행 차입 중 어떤 것이 조달비용이 쌀까?

주식회사가 계속 성장하려면 자금이 필요하다. 자금을 모집하는 방법은 크게 두 가지로 나뉜다. 주식을 더 발행해서 자금을 끌어들일 수도 있고 은행으로부터 자금을 빌릴 수도 있다. 주식 발행과 차입은 각각 장단점이 있다. 은행에서 차입을 했을 경우 이자만 지불하면 되기 때문에 경영권의 안정을 가져올 수 있지만, 이자를 못 갚으면 경영권 전부를 잃을 가능성이 크다.
주식을 더 발행해서 자금을 모집할 경우 늘어난 주식 수만큼 주당 가치가 떨어져서 기존 주주들의 소유권이 희석된다는 단점이 있다. 회사가 아주 잘될 경우 기존 주주, 특히 대주주의 입장에서는 새로 발행한 주식을 산 주주들과도 회사의 이익을 나눠야 하기 때문에 달갑지 않다. 하지만 주식 추가 발행으로 자금을 조달했을 경우, 회사의 경영이 어려워졌을 때 당장 갚아야 하는 이자 부담이 적기 때문에 회사가 파산할 염려가 적어진다. 물론 다른 부채가 많지 않다고 가정했을 때 이야기다.
또 다른 단점은 자금조달비용이 은행 차입보다 비싸다는 것이다. 주식 발행을 통한 자금조달비용이 은행 차입보다 비싼 이유는 참여한 주주들이 당연히 은행 이자보다 높은 수익률을 요구하기 때문이다. 수익률이 낮은 주식에는 아무도 투자하지 않을 테고, 그럴 경우 당연히 주가가 떨어진다.
주식을 산 투자자들은 회사가 은행 이자율보다 훨씬 더 많은 수익을 올릴 것으로 기대한다. 그런데 은행 이자율보다 낮은 수익을 올린다면 회사의 존재 의미가 없다. 차라리 회사를 해체해서 주주들에게 돌려주는 편이 더 유리하다.
실망스러운 점은, 내가 방문한 많은 한국 기업 대주주들이 주식을 통한 자금 조달이 은행 차입보다 싸다고 이해한다는 사실이다. 아무리 회사가 돈을 벌어도 배당금만 조금 지급하면 된다고 생각한다. 뒤에서 다루겠지만 기업지배구조가 왜 중요한지 간접적으로 설명되는 대목이다.

JOHN LEE'S THOUGHTS

QUESTION AND ANSWER

Q 은행이나 증권회사에 가서 펀드를 사려고 하면 과거 6개월간 높은 수익률을 보인 상품을 추천합니다.

A 많은 이들이 펀드를 선택할 때 지난 6개월간의 수익률을 봅니다. 운용보수라든가 회전율, 어떤 자산운용사인지를 보지 않고 6개월 혹은 3개월 동안 수익률이 제일 좋았던 펀드를 고릅니다. 하지만 이렇게 해서는 좋은 펀드를 고르기 힘듭니다. 지난 6개월 동안은 수익률이 좋았지만 앞으로 6개월 동안은 좋지 않을 수도 있습니다. 중요한 것은 오랫동안 투자했을 때 나에게 좋은 펀드인지 아닌지 여부입니다. 단기수익률은 고려사항이 아닙니다.

Q 사실 펀드 종류가 너무 많아서 어떤 기준으로 선택해야 할지 모르겠어요.

A 주식을 선택할 때 중요한 기준이 그 회사의 경영진이듯이, 펀드를 선택할 때도 자산운용사와 펀드매니저가 중요한 기준이 됩니다. 우선 판매사나 자산운용사가 믿을 만한 회사인지 살펴봐야 합니다. 너무 많은 펀드를 운용한다거나

장기투자를 하지 않는 문화를 갖고 있다면 피하는 것이 좋습니다. 이런 정보는 금융감독원 공시에도 나와 있고, 판매사나 자산운용사에 직접 물어봐서 알아봐야 합니다.

펀드매니저에 대해서도 살펴봐야 합니다. 펀드매니저가 자주 바뀌는지, 이 회사에서 몇 년간 일했는지, 운용하는 펀드에 본인이 투자하고 있는지 물어봐야 합니다. 고객이 돈을 벌면 나도 같이 돈을 버는 구조여야 합니다. 미국의 자산운용사들은 이를 당연시 여깁니다. 펀드가 잘되든 못되든 나와 상관이 없다면 그 펀드는 이해 상충이 존재할 가능성이 있습니다. 또 한 가지, 회전율을 봐야 합니다. 회전율은 펀드매니저가 그 펀드를 운용하는 동안 얼마만큼 자주 사고팔았는지를 나타냅니다. 메리츠자산운용 펀드의 회전율은 보통 1년에 10%에서 많으면 100%입니다. 회전율이 100%라는 것은 포트폴리오가 1년에 100% 다 바뀐다는 말입니다. 즉 투자기간이 평균 1년이라는 얘기입니다. 반면 회전율이 20%라면 평균 보유기간이 5년이라는 뜻입니다. 물론 평균이기 때문에 어떤 주식은 10년을 보유하고 어떤 주식은 1년 후에 팔 수도 있습니다. 그런데 어떤 펀드의 회전율이 500%, 1,000%라면, 그 펀드는 선택하지 말아야 한다고 생각합니다.

마지막으로 운용보수(expense ratio)가 몇 퍼센트인지도 살펴봐야 합니다. 운용보수가 너무 많으면 수익률에 좋지 않은 영향을 미치니까요.

Q 펀드를 구입한 후 20% 정도 수익이 나면 다른 펀드로 갈아타라고 전화가 오는데, 그렇게 하는 것이 좋을까요?

A 한국에서 그런 경우가 많습니다. 20% 상승하면 다른 펀드로 갈아타라고 권유하는 연락을 종종 받습니다. 20% 하락하면 손절매를 하라고 권합니다. 절대로 하지 말아야 합니다. 단기간에 20% 버는 것이 투자의 목표가 되어서는 안 됩니다. 메리츠자산운용을 예로 들면, 2015년 수익률이 매우 좋았다가 3년 동안 악화됐을 때 수익률이 왜 이렇게 떨어졌냐고 얼마나 많은 항의 전화를 받았는지 모릅니다. 결과적으로 메리츠코리아펀드의 경우 설정 이후 약 7년이 지난 2021년 10월 22일 현재 수익률이 876%에 달하지만, 대부분의 주주들은 그 시간을 못 기다리고 매각을 했습니다. 장기투자를 해야 하는 이유는 명백합니다.

WHY INVEST IN STOCKS?

CHAPTER

4

한국의 미래는 어디로 갈 것인가?

WHERE WILL OUR FUTURE GO?

1. 주식투자는 국민 노후 대책의 필수조건이다

2. 금융 선진국이 되기 위해 무엇을 해야 하는가?

3. 일본은 어떤 문제점을 안고 있는가?

4. 아시아의 금융 허브를 꿈꾸다

1

주식투자는 국민 노후 대책의 필수조건이다

우리나라에서 노후에 불편하지 않게 생활하려면 4억~5억 원이 필요하다고 한다. 그런데 이 금액은 자녀 양육비와 사교육비를 비롯한 학자금, 혼인비용의 대부분을 부모가 책임지는 우리나라 상황에서 손쉽게 모을 수 있는 돈이 결코 아니다.

다행인 것은 우리나라도 갈수록 많은 사람들이 주식에 투자를 하고 상당수는 노후 대비를 목적으로 장기투자를 한다는 사실이다. 개인 투자자들뿐만 아니라 국민연금도 연기금의 일부를 주식에 투자하고 있다. 일정 규모 이상의 기업에서는 직원들의 은퇴 이후를 대비해서 기업연금을 도입하고 있고, 미국에서 이미 성공을 입증한 바 있는 401K식 기업연금을 도입하는 회사도 있다.

노후자금을 가장 효율적으로 마련하는 방법은 장기적으로 주식에 투자하는 것이다. 미래에 지급받아야 할 자금으로 주식을 사는 것에 대해 우려하는 사람들도 있지만, 나는 주식투자야말로 가장 안정적으로 수익을 올릴 수 있는 투자수단 중 하나라고 확신한다. 이런 의미에서 기업의 지배구조가 잘 되어 있으면 정부의 재정에도 큰 도움이 된다. 국민의 노후를 책임지는 데 투입해야 할 정부의 비용이 그만큼 줄어들기 때문이다.

국민연금의 주식투자, 어떻게 봐야 할까?

20여 년 전 일이다. 미국을 방문한 한국 국회의원들이 내가 일하고 있던 스커더를 방문한 적이 있다. 미국의 금융회사 등을 방문해서 미국의 자본시장을 좀 더 잘 이해하려는 취지였다. 그때 어느 국회의원이 "국민연금관리공단이 연기금으로 한국 주식 비중을 높이려고 해서 그것을 반대하고 막고 있다"고 했다. 연기금이 주식시장으로 유입되면 연기금 수익률도 높아지고, 한국 주식시장의 수급도 좋아지는데 왜 반대를 하느냐고 물었더니 "주식은 위험하기 때문"이라고 했다. 연기금은 원금 손실이 없는 안전한 자산에 투자해야 한다는 것이다.

얼핏 들으면 그럴듯해 보이지만, 실은 지극히 잘못된 생각이다. 한국 주식에 투자하지 않는다는 것은 한국 경제의 미래에 대해 국회의원 스스로가 밝게 보지 않고 있다는 것과 마찬가지다. 게다가 다른 사람들에게 "한국 주식 비중을 높이는 것은 위험하다"라고 말하기까지 하는 것은 우리나라의 국회의원이 우리나라의 경제를 믿지 않는다는 것을 선전하는 것과 같다.

그 국회의원의 개인적인 소신과는 반대로 국민연금을 한국 주식에 투자하는 것이야말로 연금 가입자도 좋고, 국민연금관리공단도 좋고, 주식시장에도 긍정적인 일거양득의 일이다. 건전한 사고를 갖고 장기투자한다면 주식투자야말로 가장 안정적이고 높은 수익을 보장하기 때문이다.

많은 사람들이 자신의 노후를 책임질 연금의 고갈을 염려한다. 이러한 염려는 너무나 당연한 일이다. 평균수명의 연장과 출산율 저하로 인해 연금 수령 기간은 길어지고 연금을 내는 사람들은 줄어들기 때문에, 연금은 고갈을 향해 갈 수밖에 없다. 연금보험료는 인상하고 지급액을 줄이는 방안이 마련된다고 해도 그것은 고갈되는 시기를 늦추는 것일 뿐이다. 더 나아질 가능성도 없는 것이, 앞으로는 고령화로 인해 경제활동을 하는 사람보다 경제적 도움을 받아야 하는 사람들의 비중이 점점 높아질 것이기 때문이다. 연금제도를 수십 년 전부터 운영해온 선진국들도 같은 처지다.

미국의 뮤추얼펀드가 활성화된 것도 1980년대 중반이다. 투자 마인드로 무장된 베이비부머 세대가 너도나도 뮤추얼펀드에 가입하면서 증시는 장기간에 걸쳐 안정적인 상승곡선을 탈 수 있었다. 보통 한국은 15년 뒤늦게 미국을 따라간다고 한다. 1990년대 미국은 M&A가 대유행이었는데, 한국에서 M&A가 활성화되는 것을 봐도 그렇다. 기업연금이 도입되고 펀드투자가 빠르게 대중화되고 있는 것도 비슷한 측면이다. 이런 여러 가지 상황과 통계로 미루어볼 때, 한국의 주식시장 역시 미국 증시처럼 장기적으로 상승세를 탈 가능성이 높다. 그래서 연기금의 일정 비율을 주식에 투자할 필요가 더욱 절실하다. 투자수익률을 높이기 위해서다.

다시 미국의 경우를 보자. 사실 미국만큼 중산층이 두터운 나라는 없다. 미국의 중산층이 부를 축적하게 된 가장 큰 수단이 바로 주식이었다. 미국의 가정을 보면 금융자산의 60~70%가 주식이다. 1980년대부터 미국의 샐러리맨들이 너도나도 주식에 투자하기 시작하면서 때맞춰 주식시장이 장기적인 랠리를 펼치기 시작했고, 주가 상승에 따라 오늘날 미국 경제를 이끌어가는 중산층이 탄생한 것이다. 노후의 안락한 생활을 보장받기 위해서는 젊을 때부터 꾸준히 주식투자를 하는 것이 반드시 필요하다.

외국의 연금들은 모두 기업지배구조를 지극히 중요하게 생각하고 투자한 기업에 대해 주주행동주의를 취한다. 이에 비해 우리나라의 국민연금은 이제야 미미하게 목소리를 내기 시작했다. 이를 경영 간섭이라며 부정적으로 생각하면 안 된다.

기업지배구조는 국민의 노후와도 직접 연결돼 있다. 국민연금 법률에 의한 의무 가입으로 직장에 다니는 대부분의 사람들이 표준소득월액의 9%를 연금으로 내고 있다. 현재 많은 연기금이 주식에 투자돼 있고 앞으로는 더욱 늘어날 전망이다. 그런데 국민연금이 투자한 기업의 경영진이 대주주의 이익을 위해 기업가치를 훼손한다면 연기금의 투자수익률은 떨어질 수밖에 없다. 국민들의 노후가 위험해지는 것이다. 주식에 투자하지 않은 국민들까지 말이다. 따라서 국민연금은 기업들의 지배구조 개선에 뒷짐을 지고 있어서는 안 된다. 국민연금이 기업지배구조에 관해 무관심하다면 직무유기인 것이다.

미국의 401K와 한국의 기업연금

미국이 주가지수 1만 포인트 시대를 활짝 열 수 있기까지는 401K로 불리는 기업연금이 결정적인 역할을 했다. 401K는 미국에서 시행하고 있는 기업연금제도로, 월급의 10%까지 연금계좌에 적립하면 59세가 될 때까지 세금을 부과하지 않는 제도다. 심지어 많은 회사들이 이 제도의 참여율을 높이려고 직원이 적립한 금액의 50%에서 100%까지 매칭해서 적립해주기까지 한다.

나 역시 미국에서 첫 직장을 다닐 때부터 지금까지 이 제도를 이용했다. 처음에는 소액이었지만 지금은 상당한 돈이

돼 있다. 미국은 연금 가입자가 투자 방식을 선택할 수 있다. 주식에 100% 투자할 수도 있고, 채권에 100% 투자할 수도 있다. 나는 주식에 95%를 투자했다. 금융위기 때는 자산이 많이 줄었지만 오히려 좋은 면도 있었다. 자산평가액이 줄었을 뿐 주식 수는 그대로인 데 반해, 주가 폭락으로 주식을 싸게 살 수 있어 큰 수익을 낼 수 있었다. 꾸준히 주식을 샀기 때문이다.

401K를 성공시킨 데는 정부의 역할도 물론 컸다. 1980년대 초반만 해도 미국인은 주식투자를 많이 하지 않았다. 그래서 미국 정부는 직장인들의 노후를 돕기 위해 샐러리맨들이 월급 일부를 주식에 투자하면 세금 혜택을 주는 정책을 폈고, 그것이 401K다.

401K는 근로자가 지급받을 연금 수준이 미리 결정돼 있는 확정급여형 퇴직연금(Defined Benefit)이 아니라, 근로자가 받을 퇴직급여가 적립금 운용 실적에 따라 변동되는 확정기여형 퇴직연금(Defined Contribution)이다. 401K에 가입하면 직장을 그만둘 때까지 봉급의 일정 비율을 떼어내고 기업주도 일정액을 보태 자금을 조성한다. 그리고 그 자금을 가입자 개개인이 개인연금이나 은행의 신탁상품, 뮤추얼펀드 등에

투자한다.

연금수급액이 저축액과 운용 성과에 따라 달라지기 때문에 이 자금은 뮤추얼펀드의 성장과 주식 수요 증가에 큰 역할을 했다. 뉴욕증시에 개인 투자자의 막대한 자금이 지속적으로 유입될 수 있었던 것이다. 401K에 가입한 근로자들은 저절로 장기투자를 하게 되고, 정부는 주식시장 활성화를 통해 투자한 사람들이 이익을 보게 한 것이다. 인위적으로 주식가격을 장기 부양할 수는 없지만, 주식시장이 제 기능을 발휘하게 도와주면 장기적으로 주가는 올라갈 수밖에 없다.

우리나라 정부도 미국의 연금제도와 비슷한 플랜을 갖고 있다. 2005년 12월부터 도입한 기업연금(퇴직연금)제도는 기업이 기업 내부에 적립하던 종전의 퇴직금제도 대신 퇴직연금 적립금을 자산운용 전문기관의 도움을 받아 채권, 주식, 파생상품 등 다양한 금융상품에 장기 분산투자하는 방식이다. 퇴직 후에는 기존의 퇴직금제도처럼 적립된 퇴직금을 일시금으로 받거나 연금으로 받을 수 있다.

늦게나마 기업연금제도를 도입한 것은 무척 다행인데, 제도의 미흡으로 안타깝게도 민간 섹터에서 제대로 따라주지 못하고 있다. 기업연금제도를 도입하는 기업들이 점차 늘어나고는 있지만 아직도 주식의 편입 비중이 지극히 낮다. 개인들의 의사에 따라 자산 배분이 이루어져야 하는데 규제에 의해 주식의 편입 비중이 결정되기 때문이다. 만약 20대 중반이라면 연금을 100%까지 주식형 펀드에 투자할 수 있어야 한다. 반대로 정년이 얼마 남지 않은 사람이라면 변동성이 적은 채권의 비중을 높이는 것이 맞을 것이다. 일률적으로 주식의 편입 비중을 규제하는 것은 옳지 않다. 아직도 주식투자에 대한 오해가 남아 있다는 증거다.

401K 플랜 활성화가 미국의 빈부 격차를 줄이는 데 상당한 역할을 했던 것처럼, 우리나라의 연금제도가 변화하면 개인들이 보다 윤택한 노후를 기대할 수 있고 또한 주식시장에 호재로 작용할 수 있다. 과거에는 은퇴 시 정해진 퇴직금을 지급받았지만, 401K식의 기업연금이 활성화되면 일정 금액을 매월 투자하고, 투자 성공 여부에 따라 은퇴 후 지급금액이 달라진다. 이렇게 되면 기업연금이 주식시장에 지속적으로 유입되기 때문에 주가 상승을 견인하고, 주가가 오르면 지급받는 연금도 많아지는 윈윈 게임이 된다.

한국의 퇴직연금제도는 보완이 필요하고, 꾸준히 금융교육을 해야 한다. 첫 번째 이유는 주식가격이 아직도 디스카

운트돼 있는 기업이 많고, 두 번째는 한국 기업들의 지배구조가 향상된다면 한국 주식의 저평가 현상은 해소될 것이기 때문이다.

2

금융 선진국이 되기 위해 무엇을 해야 하는가?

앞으로는 기업에서 과감한 투자를 해도 고용 효과가 크지 않을지 모른다. 더 이상 옛날과 같은 소품종 대량 생산의 시대가 아니기 때문이다. 투자자금은 적게 들어가고 투자 대비 이익이 큰 산업으로 진화해야 한다. 대표적인 분야가 금융이다. 많은 전문지식을 요구하는 금융은 아무나 하지 못한다. 금융이나 IT, 인터넷 등은 적은 투자에도 불구하고 투자수익률은 높다. 한국의 우수한 인력들이 이런 분야에 진출해야 전체적인 부가 늘어난다.

우리처럼 IMF 구제를 받은 경험이 있는 영국이 좋은 선례가 될 수 있다. 영국이 IMF의 도움을 받을 당시 많은 기업이 경쟁력을 잃고 쓰러졌고 경쟁력이 없는 많은 회사들이 외국에 매각됐다. 당시 대처 총리는 규제를 과감하게 철폐하고 금융을 최우선으로 삼았다. 결과는 대성공이었다. 영국은 유럽의 금융 허브가 됐고 지금의 영국은 금융 강국으로 강한 경쟁력을 갖고 있으며 런던의 증권계통에서 일하는 사람만 해도 100만 명이 넘는다.

우리도 적극적으로 금융산업을 발전시켜야 한다. 미국도 마찬가지다. 제조업 비중이 점점 줄었지만 결국은 금융으로 세계를 호령하지 않는가?

규제 완화, 선택이 아니라 성공의 필수조건

IMF 경제위기 이후 많은 것이 변했다. 은행들은 돈을 꿔줄 때 더 이상 정부에서 시키는 대로 하지 않는다. 노동자들도 자기 직장에 평생 뼈를 묻을 생각이 없다. 월급을 더 많이 주거나 전망이 더 좋아 보이는 직장이 있다면 더 이상 현재의 직장에 연연하지 않는다. 국가 전체로 보면 아주 고무적이다. 경제 전체가 어떤 위기에 유연하게 대처할 수 있는 체력이 생긴 것이다.

경제가 좀 더 효율적이고 다양한 구조로 변화하고 있다. 일본과 달리 대학교 졸업생들이 꼭 대기업에만 취직하려고 하지 않아야 한다. 마이크로소프트의 빌 게이츠나 구글의 세르게이 브린과 래리 페이지 같은 사람들처럼 자기 회사를 갖고 싶어 하는 사람들이 많아야 한다.

무한경쟁의 글로벌시장에서 기업의 경쟁력을 강화해나가기 위해서는 기업활동을 방해하는 수많은 규제를 풀어주어야 한다. 공장을 짓거나 회사를 만드는 등 각종 기업활동을 할 때 우리나라처럼 수백, 수천 개의 서류가 필요하고 절차가 복잡하며 각종 규제에 부딪혀서는 기업들이 살아남기가 힘들다. 물론 지금은 전에 비해 많은 규제가 철폐되거나 완화됐지만 아직도 규제 완화는 한국과 한국 기업들의 경쟁력을 높이기 위해 반드시 필요하다.

특히 한국의 금융산업은 반드시 규제 완화가 필요하다. 홍콩이나 싱가포르 수준으로 해야 한다. 금융산업의 발전을 통해 한국은 엄청난 부의 창출이 가능하고 아시아의 금융 허브가 될 수 있다. 2008년 미국 금융계의 붕괴를 보고 많은 사람들이 한국이 지향하는 미국식 모델에 매력을 잃었을지도 모른다. 하지만 미국 금융계의 붕괴를 규제 완화의 결과로 여겨서는 안 된다.

규제 완화의 목적은 가능한 한 경쟁을 유발해 소비자가 좋은 서비스를 저렴하게 이용하게 하기 위한 것이고, 또한 그 산업의 경쟁력을 키우기 위한 것이다. 2008년 미국의 금융위기와 우리나라의 규제 완화는 아무런 연관성이 없다. 미국은 증권회사가 상장회사보다 많다. 좋은 아이디어나 실력이 있는 사람들이 모두 경쟁에 뛰어들어야 그 산업의 경쟁력이 생기고 서비스 질이 좋아진다.

경쟁으로 인해 경쟁력이 생기는 예는 얼마든지 있다. 내가 중고등학교를 다닐 때 한국에서는 바둑의 인기가 대단했다. 조훈현 기사가 일본과 중국의 벽을 넘어 타이틀을 획득할 때마다 올림픽에서 금메달을 땄을 때처럼 환호했다. 그때는 일본이나 중국이 한국보다 훨씬 실력이 좋았지만 지금 한국의 바둑 실력은 일본이나 중국보다 앞선다고 한다. 규제 완화 덕분이다. 중국을 포함한 전 세계의 실력 있는 바둑 기사들에게 한국이 문호를 개방했기 때문이다.

미국의 LPGA에서 한국 선수들이 엄청난 활약을 하고 있다. 때로는 톱10 순위 중 6~7명이 한국 선수들일 때도 있다.

골프계에서 LPGA는 최고의 권위를 가지고 있다. 세계 각국의 최고 선수들에게 문호를 개방하기 때문에 누구도 LPGA의 실력과 권위에 도전할 수가 없는 것이다. 만약 LPGA가 미국 선수들에게 특혜를 주거나 외국 선수들의 참가에 어떤 제약을 둔다면 LPGA의 경쟁력이 떨어질 수밖에 없다. LPGA가 외국 선수들에게 영어 사용을 의무화했다가 철회한 적이 있다. 누가 결정했는지 모르지만 참으로 어리석은 결정이었다. 스스로 경쟁력을 깎아내린 것이다.

우리는 이런 우를 범하지 않았을까? 과거를 돌이켜보면 이런 실수를 수도 없이 반복해왔다. 정부의 규제 때문에 경쟁력을 잃은 사례가 수없이 많다. 예를 들어 누구나 증권사를 설립할 수 있게 하면 증권업종이 망할까? 그 많은 증권회사들을 허용하면 과당경쟁이 생기고 금융당국의 업무가 너무 증가해서 금융 감독이 허술해질까?

금융회사가 많아진다고 금융 감독이 허술해지지 않는다. 금융회사가 100개에서 1,000개가 되었다고 금융당국의 일이 그만큼 늘어나지 않는다. 오히려 미국처럼 큰 금융회사들이 망해서 경제위기를 초래하는 것보다 많은 회사들로 쪼개져서 리스크를 분산하는 편이 훨씬 낫다. 그런데도 정부가

증권회사의 숫자를 제한하는 우를 범한다면 그만큼 한국의 금융산업은 후퇴할 수밖에 없다.

정부의 입김과 규제가 많을수록 사람들의 창의성은 떨어진다. 미국 정부가 금융위기의 원인인 금융회사들에 대해 감독과 감시 기능을 강화하려고 하면서도 꺼려하는 이유가 바로 이것이다. 미국 금융산업의 창의성과 경쟁력을 해칠 가능성이 있기 때문이다.

미국이나 선진국에서는 감독을 하면서도 모든 기관을 따라다니지 않는다. 모든 금융회사가 자체적으로 감사국을 설치하도록 의무화하고 자체적으로 법을 따르게 한다. 다만 법을 어긴 것이 나중에 발견되면 가혹하리만큼 처벌한다. 한 개의 회사를 혼냄으로써 일벌백계의 교화를 노리는 것이다.

개혁으로 인한 피로감과 빈부 격차 극복

우리나라 사람들은 IMF 외환위기를 극복하는 과정에서 많은 고통을 겪었다. 숱한 가정이 파탄 났고, 중소기업 사장이 하루아침에 거리에 나앉기도 했다. 경제위기를 극복하는 방법으로 쓰이는 처방전 중 가장 중요한 것이 경제구조의 체질 개선이다.

어느 나라든지 경제가 위기를 맞으면 서민계층일수록 더 큰 피해를 본다. 매일 매일을 걱정하는 계층일수록 경제위기로 인한 고통이 더 심하다. 경제위기가 닥치면 기업들은 수익성을 극대화하고 비용을 최대한 절감하기 위해 구조조정을 하고 직원들을 해고한다. 따라서 사회적으로 약자인 직원들의 피해가 가장 클 수밖에 없다. 극빈자와 차상위계층이 늘어나고 거리에는 갑자기 내몰린 실업자와 노숙자가 넘쳐난다.

다행히 우리나라 국민들의 저력이라고 할까. 금 모으기 운동처럼 외국에서는 절대로 상상할 수 없는 단결력으로 경제가 빠르게 회복되었다. 그런데 이후의 경제회복은 고용 없는 성장이었고, 중소기업이나 자영업자보다는 수출을 위주로 하는 대기업의 경제회복이었다. 안타깝게도 경제가 회복돼도 돈이 없는 사람들은 경제회복의 수혜를 받지 못했다. 경제위기의 후유증으로 빈부 격차가 심화되고 소외계층이 더욱 많아진 것이다.

IMF 외환위기 이후 우리는 과거의 전철을 밟지 않기 위해 정치적으로나 사회적으로 끊임없이 개혁을 해왔다. 대부분의 집단과 기업에서 개혁과 혁신을 부르짖었고 이는 지금도 진행형이다. 그런데 여기서 문제가 나타난다. 경제위기를 겪는 동안 개인들은 엄청난 희생을 강요당했다. 이러한 희생들에 대한 공평한 대가 없이 개혁을 너무 오랫동안 지속하면 피로감이 생긴다. 개혁을 하는 동안 잃어버린 것에 대한 후회, 실망감, 적대감이 생기는 것이다. 외국 투자자들에 대한 적대감이 대표적인 현상이다. 위기를 오게 한 사람들이 위기를 겪고 나서 오히려 그 혜택을 보는 경우의 허탈감도 장기적으로 한국 경제가 경쟁력을 갖기 위해 풀어야 할 숙제다.

자본주의의 근본은 사람들 간의 능력 차이를 인정하는 것이다. 열심히 일하고 똑똑한 사람은 많은 부를 누릴 수 있는 반면, 그렇지 못한 사람은 반대의 경우가 된다. 적어도 자본주의 사회에서는 빈부의 차이가 어쩔 수 없이 일어난다. 다만 그로 인해 사회적인 격차가 심화되거나 고착화되면 사회적으로 큰 문제가 될 수 있고, 결국은 나라의 경쟁력을 떨어뜨린다. 따라서 정부는 소외된 계층에 대해 많은 배려를 하고, 동시에 누구나 열심히 하면 성공할 수 있는 토대를 마련해줘야 한다.

미국의 경우 소외된 계층을 위한 정책이 참으로 많다. 미국의 명문 대학들은 흑인 등 경제적으로 열악한 사람들을 위해 다른 경쟁자들보다 성적이나 능력이 떨어지더라도 입학에 우선권을 준다. 계층 간 빈부 격차가 고착화되는 것을 정책적으로 막고자 하는 것이다. 기업들은 중산층을 두텁게 하기 위해 직원들의 주식 보유를 장려하고 나라는 세금 혜택을 준다.

물론 우리나라 정부도 빈부 격차가 벌어지는 것을 우려하고 그 격차를 줄이기 위해 많은 노력을 한다. 성장이냐 분배냐 하는 논쟁도 벌인다. 많은 경제학자들이 성장 위주의 경제 정책을 펴면 분배에 소홀할 수밖에 없고, 분배를 위주로 하면 성장이 위축된다는 논리로 격론을 벌인다. 하지만 다른 어떤 나라를 가도 이런 논쟁은 하지 않는다. 성장은 당연히 해야 하는 것이지 분배를 해야 하기 때문에 성장을 포기해야 한다는 것은 지극히 잘못된 생각이다. 이는 마치 기업이 돈을 많이 벌었는데 배당을 너무 많이 해서 성장성이 둔화된다는 논리와 비슷하다. 기업이나 나라 경제나 당연히 지속적으로 성장해야 한다. 분배는 성장과는 별개로 생각해야 한다. 성장을 하기 위해 분배를 포기한다는 논리는 전 세계 어디에도 없다. 부가가치가 가장 큰 곳으로 자연스럽게 자금이 흘러들어가서 부의 축적을 최대로 하게 만드는 것이 정부의 역할이다. 이것이 '성장이냐 분배냐'보다 훨씬 중요한 이슈다.

JOHN LEE'S THOUGHTS

QUESTION AND ANSWER

Q 외국자본이 한국 기업을 괴롭히는 경우가 많은데 어떻게 바라봐야 할까요?

A 한국은 외국인의 직접투자에 대해서는 비교적 관대하지만, 적대적 M&A 시도나 간접투자에 대해서는 굉장히 부정적입니다. 이런 인식은 바뀌어야 합니다. 이제는 한국자본, 외국자본을 구분해서 적대적인 태도를 취하는 것을 졸업할 때가 됐습니다.

외국인이 단기투자 후 한국을 떠나기보다는 장기적인 투자를 하도록 유도하고 규제를 완화해 좋은 투자환경을 만드는 것이 중요합니다. 그래야 아시아의 금융 허브가 될 수 있지 않을까요. 외국인 투자자들이 한국에서 돈을 벌어갈 수 있어야 더 큰 자금이 한국에 투자될 것입니다. 국부유출이라는 편협한 시각에서 벗어나야 합니다.

3

일본은 어떤 문제점을 안고 있는가?

일본은 많은 문제점을 안고 있다. 일본의 침체는 30여 년간 지속돼왔고, 앞으로도 회복될 기미가 보이지 않는다. 인플레이션보다 훨씬 무서운 디플레이션을 막기 위해 엄청난 국가부채를 감수하면서까지 돈을 찍어냈지만 인플레이션의 기미가 없다. 고령화, 인구 감소, 빈부 격차 등 산적한 문제가 있고 국가 경쟁력도 서서히 죽어가고 있다. 전 세계가 가장 두려워하는 것 중 하나가 일본처럼 되는 것이다. 소위 재패니피케이션(Japanification, 일본화)이다.

나는 일본에 자주 갔다. 주로 한국투자 유치를 위한 여행이지만 일본에 가면 항상 많은 것을 관찰했다. 일본 사람들이 한국을 어떻게 생각하고 있으며 한국이 그들의 잘못을 통해서 어떤 교훈을 얻을 수 있는가를 판단하고 싶었다.

1991년 스커더에 입사했을 때 일본에 관한 논의를 격렬하게 했던 기억이 난다. 스커더의 일본 전문가들은 일본이 앞으로 오랜 기간 심각한 경제침체를 맞이할 것이라는 전망을 내놨다. 노동력과 자본의 유연성이 없기 때문이라고 했다. 직원들은 현재의 직장을 평생직장으로 알고 기업은 이익보다는 매출액을 더 중요시하는 정책과 문화가 일본의 경쟁력을 떨어뜨릴 것이라는 단순한 논리였다.

한국도 비슷한 문제점이 있었지만 1997년 외환위기를 통해 잘못을 시정할 수 있는 기회가 있었다. IMF는 한국에 구제금융을 제공하면서 고금리 정책, 긴축통화, 재정긴축, 변동 환율, 엄격한 시장 퇴출 제도, 금융산업 구조조정, 금융개혁을 통해 대기업들이 지나치게 많은 부채를 기반으로 경영하는 것을 제재하고 기업의 경영 투명성을 제고할 것을 지원조건으로 내걸었다.

그런데 일본은 한국과 같은 문제점을 갖고서도 돈이 많은 덕택에 지금까지 버텨왔다. 하지만 '잃어버린 30년'이라는 침체기를 겪었고, 3분의 1 수준으로 떨어졌던 부동산 가격은 아직도 회복하지 못하고 있다. 반면에 한국은 IMF 구제금융을 받은 대신 많은 변화를 이뤄왔고, 많은 문제들이 해결되거나 완화되었다. 기업들은 이익이 얼마나 중요한지 깨달았으며 부채를 기반으로 경영하면 기업 자체를 잃을 수도 있다는 것을 실감했다. 금과옥조같이 믿어왔던 일본식의 평생직장이라는 개념이 바뀌었다. '우리가 적어도 일본을 따라가면 안 되는구나'를 인식하게 된 것이다.

일본 기업들의 지배구조 또한 열악하다. 일본의 기업들은 경영진이 주가를 높이기 위해 노력하지 않는다. 주가가 자신의 월급과 무관하다고 생각하기 때문이다. 경영진이 주주들의 이익을 대변하지 않는 것이다.

더욱 나쁜 것은 일본은 아직도 변하기를 두려워하고 있다는 사실이다. 한국과 일본이 동시에 큰 병이 들었는데 한국은 병원에 가서 진료를 받은 반면, 일본은 두려움 혹은 무지 때문에 병원에 갈 생각을 못하고 있는 것과 비슷하다. 일본인 스스로뿐만 아니라 외국인들까지 일본의 경제에 대해 회의적이다. 아직도 변화를 두려워하기 때문이다.

그런데도 아직까지 과거의 일본을 생각하고 일본을 추종하고 일본을 벤치마킹하려는 사람들이 있다. 2008년 말 글로

벌 금융위기에 대한 각종 대처만 해도 그렇다. 한국은 과감한 행보로 세계 여러 나라로부터 '한국이 세계에서 가장 빨리 경기침체에서 벗어났다'는 평가를 들었다. 우리는 일본에 비해 잠재력과 능력에서만큼은 우위에 있다. 1980년대 중반부터 안고 있던 문제들을 아직 해결하지 못하고 여전히 과거를 답습하고 있는 일본은, 한국이 따라 할 만큼 성공한 경제 모델이 아니다. 일본을 따라 해선 안 된다. 일본과 같은 길을 가지 않기 위해 우리는 총력을 기울여야 한다.

일본이 겪고 있는 많은 문제를 피하기 위해 우리가 당장 시작해야 할 것들을 열거해본다.

교육제도의 개혁과 금융교육

한 개인의 경제력은 개인이 갖고 있는 한정된 자산을 얼마나 효율적으로 사용하느냐에 달려 있다. 개인의 자산에는 여러 종류가 있다.

경제적 자유를 얻기 위해서는 일단 수입이 있어야 하고, 수입을 창출하는 자산은 내가 가진 건강한 신체, 교육 정도,

각종 자격증이다. 보다 나은 수입을 얻기 위해서는 어느 정도 지불해야 하는 것들이 있다. 예를 들어 의사나 변호사가 되면 높은 소득을 얻을 수 있겠지만, 의사나 변호사가 되기 위해 시간과 노력, 금전적인 비용을 지불해야 한다.

그런데 경제적 독립이 단순히 수입의 많고 적음으로 결정되는 것은 아니다. 수입이 많든 적든 어떻게 소비하고 어떻게 투자하느냐에 따라 개인의 부가 결정된다. 우리가 흔히 아는 부자들은 위험을 두려워하지 않고 자신의 자산을 투자한 사람들이다. 복리의 마법을 이해하고, 돈을 위해 일하는 대신 돈이 나를 위해 일하게 해야 한다는 것을 깨닫고 실천한 사람들이다.

평범한 삶을 거부하고 위험을 즐기며 갈 수 있는 사람이 많을수록 그 사회는 역동성이 생기고 사회 구성원들의 삶이 윤택해진다. 개인의 부는 보다 확대되어 가족의 부가 늘어나고 나아가 국가의 부가 늘어난다. 즉 선순환의 되는 것이다.

안타깝게도 우리나라의 교육은 이러한 선순환이 일어날 수 있는 시스템이 아니다. 세상은 엄청나게 변화하고 있고 부를 형성하고 확장하는 방법은 다양한데도, 교육은 돈을 멀리 해야 한다는 고리타분한 사고에서 벗어나지 못하고 있다.

변화하는 세계에서 창의성 있는 인재를 기르는 교육을 외면하고 공부만 잘하면 된다는 시대에 뒤떨어진 교육을 강요하고 있다.

학생들은 과도한 학업 부담에 이미 지쳐 있고, 대학을 졸업하기도 전에 공무원 시험을 준비한다. 부를 창출하는 데는 도움이 되지 않는 선택을 한다. 우리나라를 짊어질 인재들이 부자가 되기 위해 위험을 택하는 게 아니라 해고당할 염려가 없는 직업을 선호한다면 한국의 미래는 어두울 수밖에 없다.

실패를 두려워하지 않고 창업하는 이들이 많아져야 한다. 큰 부를 창출하는 젊은 창업자가 사회를 선하게 바꾸는 일이 대한민국에서 일어나야 한다.

이러한 일이 일어나려면 대대적인 교육개혁이 필요하다. 시험으로 인재를 가려야 한다는 고정관념에서 벗어나야 한다. 외국처럼 공무원이나 대기업, 은행 등에 취직하기 위해 시험을 치를 필요가 없어야 한다. 한 사람의 경쟁력을 그저 시험 성적으로 평가하는 것은 지극히 잘못된 편의주의에 불과하다.

진정한 인재는 시험 잘 보는 사람이 아니라 문제를 인식하고 해결하는 리더십이 있는 사람이다. 대학교 입학도 일률적인 시험보다는 대학교가 스스로 알아서 뽑게 해야 한다.

한국에서는 기부입학제도를 잘 시행하지 않는데 이는 자본주의적 사고가 아니다. 사정이 어려운 미국 대학생들은 대부분 등록금을 내지 않고 학교를 다닌다. 부자들이 내는 기부금이 있기 때문에 가능하다. 가난한 학생들에게 교육의 기회를 부여함으로써 스스로 경제적 성공의 길을 개척할 수 있게 하는 것이 모든 학생에게 똑같은 조건을 요구하는 것보다 공정한 시스템이다.

모든 사람에게 똑같은 시험을 보게 하고 성적순으로 인재를 뽑는 방식은 100년 전에는 통했을지 모르지만 지금은 아니다. 남들과 다른 생각을 할 수 있는 다양한 인재를 기르는 교육 시스템이 절실하다.

특히 유명 대학에 들어가고 일류기업에 취직하는 것을 인생의 목표처럼 여기고, 모든 학생이 이에 매달리고 그것을 이루기 위해 엄청난 사교육비를 지불하는 한국의 현실은 경제적 약자를 끝없이 양산할 뿐이다.

사교육에 쓰이는 막대한 돈을 이제는 자녀들의 창업자금을 위한 투자로 전환해야 한다. 자녀들을 입시지옥에서 탈출시켜야 한다. 자녀들을 부자로 만드는 것이 공부를 잘하게 만드는 것보다 훨씬 쉽고 의미가 있다. 입시교육보다 훨씬 중요한 것이 금융교육이다.

자본과 노동의 유연성

한 가정이나 나라의 경쟁력은 한정된 자산인 자본과 노동을 어떻게 극대화하는가에 달려 있다. 세상이 변하면서 부가가치가 높은 곳으로 자본과 노동력이 자연스럽게 흘러가는 것을 '유연성'이라고 표현한다. 과거에는 값싼 노동력 덕분에 노동집약적인 산업이 한국의 경쟁력이었지만, 시간이 흐를수록 부가가치가 높은 테크놀로지나 지식산업 등에 자본과 노동이 자연스럽게 흘러가야 한다. 사람의 신체를 예로 들면 오래된 세포가 죽고 새로운 세포가 생성됨으로써 건강한 신체를 유지할 수 있는 것과 같은 이치다. 죽지 않는 세포는 암세포가 될 확률이 높고, 생명을 위협하게 된다.

일본을 보면, 종신고용 등의 관습이 결국 경제를 어렵게 하고 부가가치가 높은 새로운 곳으로 이동하는 것을 어렵게 한다. 한국이 20여 년 전 겪은 경제위기도 노동과 자본의 경직성에 기인했다.

자본의 유연성은 기업의 생성과 소멸이 자연스럽게 이루어질 때 가능해진다. 기업의 생명을 연장하기 위해 국가가 개입하면 그 기업은 결국 '좀비기업'이 되고, 이는 산업 자체를 어렵게 만든다.

한국의 노동관행은 변화가 필요하다. 잘못된 법이나 관행으로 노동자는 오히려 보호를 받지 못하고 기업은 경쟁력이 쇠퇴하는 아이러니가 일어난다. 정규직 해고가 어렵다 보니 기업은 정규직을 고용하길 꺼리고 2년마다 새로 임시직을 뽑는 것을 선호하게 된다. 노동자를 보호한다는 취지가 노동 경직성을 유발하고 젊은이의 취직을 어렵게 만든다.

금융산업의 노동 경직성은 더 심각하다. 52시간만 일하게 하는 법을 모든 산업에 적용하면 또 하나의 노동 경직을 가져온다. 높은 연봉을 받고 편하게 일하는 금융회사 직원들과 공장에서 힘들게 일하거나 택배업에 종사하는 이들에게 동일한 법을 적용하는 것은 심각한 문제가 있다. 미국의 금융회사는 일주일에 80시간씩 일하는 것을 당연시하고 언제든지 해고가 가능하다. 그 대신에 엄청난 연봉을 받을 수 있다. 미국 금융기관의 경쟁력은 노동의 유연성에서 나온다. 노동에서만큼은 일반기업과 금융산업이 구별되어야 한다.

한국의 퇴직연금과 미국의 401K

미국은 1980년 DC형 퇴직연금인 401K를 도입하면서 엄청난 긍정적 효과를 경험했다. 401K에 대해 간단하게 설명하면, 직장인이 월급의 10%를 노후자금으로 투자하면 60세가 될 때까지 세금을 유예해주는 제도다. 국가가 개인의 노후 준비를 돕고자 시작한 일이다. 이 제도가 시작되고 40년간 주식시장은 지속적으로 성장해왔고, 백만장자 대열에 합류한 근로자의 숫자도 엄청나게 늘었다. 근로자들의 은퇴자금을 관리하는 자산운용사의 규모도 크게 성장했다.

또 하나 아주 중요한 사실이 있다. 바로 새로운 기업들의 탄생이다. 미국 주식시장을 견인한 기업들은 거의 다 신생기업들이고, 앞으로도 계속 등장할 것이다.

우리는 401K라는 퇴직연금제도가 가져온 미국의 변화를 반드시 눈여겨봐야 한다. 한국도 20년 전 경제위기를 맞으면서 많은 기업이 도산했고, 직원들의 퇴직연금 또한 고갈되어 어려움을 겪을 수밖에 없었다. 직원들의 퇴직금은 회사의 흥망과 무관하게 금융기관에 예치해야 하지만 당시는 그러한 법이 없었다. 16년 전에야 직원들의 퇴직금을 보호하기 위한 법이 만들어졌다. 안타깝게도 한국의 퇴직연금제도는 직원들의 노후 준비에 도움이 되지 못하고 있다. 투자에 대한 잘못된 인식, 원금 보장에 대한 집착 등에 의해 연금의 주식투자 비율은 3% 미만으로, 전 세계에서 꼴찌다.

퇴직연금제도 개혁이 필요하다. 직원들이 자유롭게 펀드를 고를 수 있도록 제도를 보완하고 지속적으로 교육해야 한다. 투자에 전문성을 갖춘 자산운용사들의 역할이 커져야 하고, 수익률 경쟁을 유도해서 퇴직연금을 통해 직원들의 노후를 실질적으로 도와야 한다.

금융맨을 꿈꾸는 한국의 젊은이들에게

미국 대학에서는 똑똑한 학생들의 상당수가 월스트리트에 진출하는 게 꿈이다. 한국도 마찬가지가 될 것이다. 한국의 금융산업의 전망이 밝기 때문이다. 사실 21세기 가장 유망한 산업을 꼽으라면 금융서비스를 들고 싶다. 특히 한국의 경우 다른 산업에 비해 상대적으로 낙후돼 있기 때문에 그만큼 발전 가능성이 크다. 발전 가능성이 크다는 것은 다시 말해 그만큼 우수한 인력을 많이 필요로 할 것이라는 얘기가 된다.

지금 대학생들에게 해주고 싶은 말이 있다면, 금융이 앞으로 한국경제의 성장엔진으로 가장 중요한 역할을 할 것이기 때문에 금융 쪽으로 많은 관심을 가져야 한다는 것이다. 학생들은 대부분 금융업에 진출하려면 경제학이나 경영학을 전공해야만 하는 것으로 알고 있는데, 이는 잘못된 인식이다. 금융업만큼 다양한 경험을 가진 사람이 필요한 분야는 없다. 특히 증권은 그야말로 종합예술이다. 미국의 펀드매니저들의 전공을 보면 학교에서 꼭 경제학이나 경영학을 전공한 것은 아니다.

가령 반도체 사업을 분석해야 하는데 기술적인 백그라운드가 없이 경영학만 전공한 사람이라면 불가능하다. 마찬가지로 건설업을 분석하려면 건설 쪽의 일을 해본 사람이 적합하다. 실제 뉴욕 월가에서 펀드매니저는 다양한 경력을 갖고 있다. 학교 선생 출신의 펀드매니저도 있고, 음악을 하다가 펀드매니저로 변신한 케이스도 있다. 다양한 경험을 가진 사람일수록 회사나 경영자에 대한 판단이 훨씬 더 정확하고 예리하다. 경제학이나 경영학만 공부한 사람이 기업을 분석하려면 틀에 얽매이기 쉽다. 재무제표는 누구나 다 볼 수 있지만, 기업의 가치는 재무제표에 다 나와 있지 여기에 나오지 않은 그 무엇을 찾아내 판단할 줄 아는 능력이 있어야 훌륭한 펀드매니저인 것이다.

JOHN LEE'S THOUGHTS

QUESTION AND ANSWER

Q 사교육비를 투자로 전환하려고 하는데, 아이가 남보다 뒤처지면 부모로서 할 일을 다 하지 않은 것 같아 불안해요. 아이가 공부를 못해도 정말 괜찮을까요?

A 공부 못하고 좋은 대학교에 못 들어가면 큰일 날 것 같지만 절대로 그렇지 않습니다. 명문대에 입학한다고 부자가 되는 것은 아닙니다. 자녀가 공부에 관심이 없다면 사교육비를 아껴 미래의 창업자금을 마련해주는 편이 좋습니다. 그러면 좋은 대학교를 졸업해서 취직한 아이들보다 부자가 될 확률이 훨씬 높아집니다.

국·영·수 위주의 교육은 이미 수명을 다했습니다. 창의성이 중요한 시대가 되었죠. 아이들 스스로 동기부여가 돼야 하는데, 그 가장 좋은 수단이 돈에 대한 공부입니다.

한국 사회가 사교육에 쏟는 열정을 금융교육으로 돌릴 수 있다면, 중산층이 늘어나고 국가 경쟁력도 높아질 것이 분명합니다.

Q 초등학교 교사입니다. 아이들에게 금융교육을 어떻게 시킬 수 있을까요? 부모님들의 반대도 있을 것 같아요.

A 우리 아이들의 금융교육에 교사의 역할이 중요합니다. 일선 학교에서 금융교육을 늘리기 위한 시도가 없지는 않지만, 학부모 때로는 교사들의 반대로 무산될 때가 많습니다. 한국은 돈 이야기를 하는 데 부정적이기 때문인데요. 하지만 아이가 어릴 때부터 돈의 중요성을 알려주고 돈을 함부로 쓰지 말고 투자하라고 가르쳐야 합니다. 자본과 자본주의에 대해 가르치고 아이들이 돈을 좋아하게끔 만들어야 합니다. 저는 아이들이 어릴 때 생일 선물로 늘 펀드를 사줬습니다. 지금은 아이들 스스로 종목을 정해서 주식투자를 하고 있죠. 미국은 어릴 때부터 돈에 대한 교육을 체계적으로 진행합니다. 가령 장난감을 사지 말고 그것을 살 돈으로 장난감 만드는 회사의 주식을 사라고 가르칩니다. 어린이 투자 클럽도 많습니다. 우리도 아이들이 주식에 대해서 이야기할 수 있도록 해야 합니다. 초등학생들끼리 "나는 이러저러한 이유 때문에 카카오 주식을 샀어. 너는 뭘 샀니?" 하고 대화할 수 있어야 해요. 가령 게임 아이템 살 돈으로 게임회사 주식을 살 수 있겠죠. 아이들은 게임을 좋아하니까 이 회사의 게임이 얼마만큼 경쟁력이 있는지 어른보다 잘

알잖아요. 그렇게 아이들은 금융을 배워나갈 수 있습니다.

Q 유대인의 금융교육에 대해 알고 싶어요.

A 유대인은 돈이 하느님이 준 선물이라고 믿고 돈에게 일을 시켜야 한다고 생각합니다. 다른 종교에서는 돈을 빌려주고 이자를 받는 일을 하지 말라고 하지만 유대인은 그렇게 생각하지 않습니다. 그래서 많은 금융기관이 유대인 소유입니다. 유대인은 금융을 가장 잘 이해하는 민족입니다. 유대민족은 미국 인구의 2%밖에 되지 않지만 자산은 미국의 20%를 갖고 있다고 합니다. 유대인은 열세 살 때 성인식을 하는데, 인생에서 가장 큰 행사여서 친척들이 전부 모이고 세 가지 선물을 줍니다. 바로 시계, 성경책, 돈입니다. 시계는 시간의 중요성, 복리의 효과를 극대화하려면 시간이 필요하다는 것을 가르쳐주는 겁니다. 구약 성경은 유대교 말씀을 잊지 말라는 의미이고, 돈은 친척들이 모아준 것으로 평균 6,000만 원 정도 됩니다. 그 돈을 밑천으로 경제적 독립을 이룰 수 있도록 하는 것이죠. 아이의 미래를 위해 투자하는 겁니다. 열세 살 때부터 부를 축적하는 법을 가르치는

것인데, 우리나라가 만약 그보다 훨씬 어렸을 때부터 돈에 대한 교육을 한다면 미래가 훨씬 밝아지겠죠. 돈을 아끼고 돈을 모으고 돈을 버는 법을 어릴 때부터 가르쳐야 합니다.

Q 은퇴 시 필요한 돈이 얼마 정도일까요?

A '4% 룰'이라는 것이 있습니다. 윌리엄 벤젠(William Bengen)이라는 재무관리사가 연구한 것인데, 은퇴할 시점의 자산을 기준으로 여생을 여유롭게 보낼 수 있는 금액을 계산하는 방식입니다. 가령 은퇴 시 10억 원이 있다면 10억 원의 4%인 4,000만 원을 연간 생활비로 쓸 수 있습니다. 매달 333만 원 정도를 생활비로 쓸 수 있는 거죠. 하지만 은퇴 시점의 자산이 5억 원이라면 연간 생활비는 2,000만 원으로 줄어듭니다. 월 166만 원인데 이는 최저생활비 수준의 금액입니다. 만약 60세에 은퇴하고 5억 원의 자산에 4% 룰을 적용하면 85세에 모든 자산이 소진됩니다. 그런데 수명이 더 늘어나고 은퇴 시점의 자산이 2억 원이나 1억 원이라면 어떻게 될까요. 따라서 은퇴 시점에 보유한 자산을 생활비로 소진하지 않고 30년 이상 유지하려면 자산이 주

식이나 펀드 등 수익률이 높은 곳에 투자돼 있어야 합니다.

Q 이미 60세가 넘었는데, 그래도 주식투자를 해야 할까요?

A 100세 시대입니다. 투자하기 가장 좋은 때는 지금 당장입니다. 주식투자는 온 가족이 다 해야 합니다. 자녀가 잘돼야 나도 잘되니까요. 내가 잘됐어도 자녀가 잘 안 되면 돈이 자녀에게 다 빠져나갑니다. 자녀만이 아니라 며느리, 손자까지 모두 당장 시작해야 합니다. 그리고 꾸준히 해야 합니다. 통장에 들어 있는 퇴직금은 일하지 않고 쿨쿨 자고 있지만, 주식에 들어간 퇴직금은 나를 위해 계속 일을 합니다. 남은 40년의 인생 설계가 꼭 필요합니다.

Q 퇴직연금이 DB형에 가입돼 있는데, DC형과 차이는 무엇인가요? DC형으로 옮긴다면 어떻게 투자하는 것이 좋을까요?

A DB형(확정급여형)은 기업이 근로자 급여의 일정 금액을 금융회사에 적립하고 운용하여 확정된 퇴직급여를 지급합니

다. 보통 직전 3개월의 평균임금에 근속 연수를 곱해 퇴직금을 계산합니다.

DC형(확정기여형)은 근로자가 스스로 적립금을 운용하는 것입니다. 회사가 퇴직금(월급의 8.33%)을 금융사에 적립해 주면, 근로자가 이 돈의 운용을 금융사에 지시하고 수익률에 대해 책임지는 것입니다. 미국의 401K제도와 비슷하죠. 그런데 한국의 근로자들은 원금 손실이 두려워 대부분 DB형을 택하고, DC형을 택하더라도 예금 등 원금보장형 상품을 선택하는 경우가 많습니다. 미국의 401K는 40% 이상이 주식에 투자되고, 청년층의 퇴직연금은 대부분 주식이나 주식형 펀드로 운용됩니다. 따라서 30년 이상 투자해서 복리 효과를 최대로 얻을 수 있습니다. 퇴직연금 덕분에 백만장자가 된 경우가 많은 이유입니다.

한국에서는 퇴직연금 덕분에 부자가 됐다는 얘기를 아직까지 들어보지 못했습니다. DB형으로 돼 있는 퇴직연금을 특별한 경우가 아니라면 DC형으로 전환해야 합니다.

DC형으로 전환하고 나서 주식 비중을 높여야 합니다. DC형 역시 현재 운용 상황을 보면 원금보장형 상품에 많이 투자되고 있으니까요. 즉 퇴직연금을 DC형으로 전환하고,

운용 포트폴리오에서 주식 비중을 최대화하고, 일시금이 아니라 연금으로 수령하는 것이 좋습니다. 우리나라는 대부분 일시금으로 수령한다고 합니다. 하지만 이 돈은 노후를 위해 남겨두어야 한다는 점을 기억하세요.

Q 저는 기업을 운영하는 CEO입니다. 저뿐만 아니라 직원들의 노후 준비를 도와주고 싶은데, 구체적으로 어떻게 해야 할까요?

A 메리츠자산운용의 예를 들면, 반강제로 직원들이 월급의 10%를 DC형 퇴직연금으로 투자하게 하고 있습니다. 보너스도 메리츠펀드로 지급합니다. 노후 준비를 위해 월급의 10%는 무조건 투자해야 합니다. 7년 전 한국에 와서 놀란 것 중 하나가 직원들의 퇴직연금이 DB형에만 머물러 있다는 사실이었습니다. 7년이 경과한 지금, 주식형 펀드에 대부분을 투자한 직원들의 퇴직연금 수익률은 60%에 달합니다. 다른 기업들의 퇴직연금은 주식형 펀드에 투자되어 있지 않고, 원금보장형 상품에만 투자되어 있습니다. 7년 수익률이 10%도 안 되는 경우가 허다합니다.

4

아시아의 금융 허브를 꿈꾸다

우리나라는 아시아의 금융 허브를 꿈꾸어야 한다. 금융 허브가 되려는 큰 목표를 가진 것은 아주 고무적인 일이다. 한국의 경제가 다음 단계로 도약하기 위해서는 금융의 선진화가 필수적이다. 그런데 현실적으로 금융 허브가 되기 위해서는 할 일이 너무나 많다. 많은 외국인은 한국의 목표에 대해 아주 냉소적이다. 현실적으로 한국의 금융이 너무 낙후되어 있기 때문이다. 한 가지 희망적인 사실은 우리가 금융 분야에서는 일본이나 중국보다 앞설 수 있다는 점이다. 홍콩이나 싱가포르와의 경쟁에서 이기면 된다. 특히 최근 중국은 홍콩의 금융 경쟁력을 훼손하고 있는데 한국에는 기회로 작용할 수 있다.

금융산업이 가져올 고용 효과는 아주 크다. 금융회사들의 지출은 대부분 직원 보수나 IT에 대한 지출이기 때문이다. 아시아의 금융 허브는 차치하더라도 한국이 금융 강국이 되어야 한다는 점은 분명하다. 게다가 이 분야에서만큼은 한국이 일본을 앞지를 수 있다. 이미 앞서 있을 수도 있다. 다행히도 일본은 아직도 잠에서 깨어나지 못하고 있다.

미국의 서브프라임 모기지 부실로 인한 글로벌 금융위기로 미국의 유수한 투자은행들이 무너지는 것을 보고 미국 투자은행 모델에 대해 의구심이 늘어난 것은 사실이다. 하지만 이런 사실 하나만 갖고 금융산업이 가져다줄 커다란 효과에 대해 과소평가하면 안 된다. 미국의 투자은행들이 무너진 것은 사실이지만 이 때문에 금융 강국이 되려는 우리나라의 목표가 흔들려서는 안 된다. 오히려 미국이 이 금융 시련을 어떻게 극복했는지를 보고 배울 필요가 있다. 우리는 IMF 위기를 겪으면서 많은 노하우를 습득했고 더 이상 그런 위기의 재연을 피하려고 노력해왔다.

미국의 금융위기는 우리나라의 IMF 위기와 아주 흡사했다. 20여년 전 한국 사람들은 한국이 지구의 중심에 있는 것처럼 착각한 것이 아닌가 싶은 적이 있다. 스커더에 있는 애널리스트들은 그 당시 한국을 거꾸로 가는 기차에 비유한 적이 있다. 모든 장치산업들이 공급과잉으로 불황을 겪고 있을 때 한국은 오히려 빚을 내서 공격적으로 투자를 한 것을 빗대어 말한 것이다.

미국의 월스트리트에 종사하는 사람들의 태도도 이와 흡사했다. 다시 말하면 지배구조에 심각한 오류가 생긴 것이다. 많은 유수 금융회사들이 무너질 때 방만한 리스크를 감수하는 경영진에 대해 이사회가 아무런 역할을 하지 않았다. 우리도 미국의 금융위기를 교훈 삼을 필요가 있다. 기업지배구조는 매우 중요하며 위기를 막을 수 있는 가장 기본적인 역할을 할 수 있다는 사실을 깨달아야 한다.

재미있는 것은 우리나라 사람들 대부분은 한국이 금융 강국이 되기에 부족하다고 생각하는 이유로 부족한 자금력과 금융기업의 후진성을 꼽는다는 사실이다. 외국 전문가들의 시각은 정반대다. 금융산업은 꼭 자본이 많다고 발전하는 것이 아니다. 오히려 자본 없이도 할 수 있는 게 금융산업의 매력이다. 금융 강국이 되는 요건은 신뢰받을 수 있는 금융 시스템 구축과 금융 노하우 축적, 그리고 인력개발이다.

우리나라가 금융 허브가 되려면 대대적인 규제의 개혁 또한 필요하다. 이곳저곳 손질을 하는 것으로는 부족하다. 새로 고속도로를 만들어야 한다. 홍콩, 싱가포르와 같은 법을 새로 만들어야 한다. 비록 눈에 보이지는 않지만, 실제 고속도로보다 몇 십 배나 가치 있는 일일지도 모른다. 여기다가 한국인의 우수한 두뇌를 접목한다면 엄청난 부가가치가 창출될 것이다.

자본력이나 특정 기술력이 경쟁력을 가져다주지는 않는다. 일본이 좋은 예다. 한때 자산 규모로 세계 1등부터 10등까지 모든 일본 은행들이 차지한 적이 있다. 결과적으로 거의 다 망하거나 합병을 당하지 않았는가? 한국이 금융 강국이 되는 길은 의외로 간단할 수 있다. 정책을 결정하는 사람들과 국민의 의지만 있으면 된다.

또 하나의 필수적인 요건은 외국 회사들을 한국에 적극적으로 유치하는 것이다. 고용 효과는 물론 여기에서 일한 경험을 가진 사람들이 앞으로 한국의 금융을 이끌어갈 것이기 때문이다. 외국 금융회사를 적극적으로 유치해야 한다. 한국 토종 금융기업을 살린다는 근시안적인 시각으로 외국 금융회사의 한국 진출을 미룬다면 그만큼 한국 금융산업의 장래는 어두운 것이다. 골프를 친다고 가정하자. 아마추어 골퍼가 아무리 열심히 연습을 해도 타이거 우즈 같은 프로들을 이길 수 없다. 돈을 쏟아 부어도 안 되는 것은 안 되는 것이다.

싱가포르의 경우 해외 굴지의 금융회사들이 아시아 본사를 자기 나라에 두는 조건으로 30여 년 전부터 각종 인센티브를 제공했다. 내가 몸담았던 스커더도 싱가포르 정부의 운용자금 약 1조 원을 받는 조건으로 싱가포르에 지사를 세운 적이 있다. 한국은 많이 변하기는 했어도 여전히 규제가 심하다. 외국계 금융회사를 적극적으로 유치해야 한다. 그들을 통해서 배워야 한다.

한국의 금융회사가 아무리 자본금이 많아도 또한 아무리 금융지식을 늘려도 골드만삭스와 같은 세계적 금융사와 당장 경쟁할 수는 없다. 지금부터라도 외국 금융회사가 우리나라에 와서 많은 한국인을 채용하는 것이 좋다. 그들의 경쟁력이 장차 한국 금융의 경쟁력을 이끌어갈 수 있는 것이다. 이미 그런 현상이 일어나고 있지 않은가? 경험 많은 애널리스트를 구하려면 연봉 3억~4억 원을 주어야만 고용할 수 있다. 외국 기관이 많이 진출했기 때문이다.

또한 좀 더 많은 외국 회사가 한국에 진출해야 한다. 우리나라보다 선진국임에도 불구하고, 일본은 아직도 금융에 대해 이해를 못하고 있다. 한국이 일본을 따라잡을 수 있는 절호의 찬스인 것이다.

외국자본에 대한 생각도 이제는 바꿀 때가 됐다. 예를 들어 여러분이 사업을 한다고 가정하자. 만약 한국 은행들에서는 연 8%에 자금을 빌릴 수 있는데 외국 은행에서는 7%에 빌릴 수 있다면 당신은 어느 은행으로 갈 것인가? 당연히 외국 은행으로 갈 것이다. 대신 한국계 은행에 주던 이자를 외국계 은행에 지불해야 하지만 이것이 국부유출인가? 절대 아니다. 왜냐하면 싼 이자를 통해 당신은 연 1%의 추가적인 부를 창출한 것이기 때문이다. 자본의 축적을 따지는 것보다, 이제는 얼마만큼의 추가적인 부를 창조할 수 있느냐에 초점을 맞추어야 한다.

나가며

투자하기 좋은 때는 지금입니다

처음 《왜 주식인가?》를 출판한 지 10년이 넘었습니다.

고등학생이던 두 아들도 이제 직장인이 되었네요.

과거를 돌아보며 '그때 시작할걸' 하는 후회를 해도 소용이 없습니다.

아직도 노후 준비를 먼 훗날로 생각하시는 분이 있다면 '오늘'부터 시작하셔야 합니다.

특히 주식이나 펀드 투자는 반드시 하셔야 합니다.

반복해 말하지만, 투자하기 가장 좋은 때는 '지금'입니다.

항상 초심을 잃지 않으려는 우리 메리츠자산운용 직원과 가족 모두에게 다시 한 번 감사를 드립니다.

파주에서

존리

주식은 시간에 투자하는 것이다

시간에 투자하는 대가의 생각
존리의 왜 주식인가

제1판 1쇄 발행 | 2022년 2월 7일
제1판 8쇄 발행 | 2024년 3월 15일

지은이 | 존리
펴낸이 | 김수언
펴낸곳 | 한국경제신문 한경BP
책임편집 | 윤효진
교정교열 | 김문숙
저작권 | 백상아
홍보 | 서은실 · 이여진 · 박도현
마케팅 | 김규형 · 정우연
디자인 | 권석중
본문디자인 | 디자인 현

주소 | 서울특별시 중구 청파로 463
기획출판팀 | 02-3604-590, 584
영업마케팅팀 | 02-3604-595, 562 FAX | 02-3604-599
H | http://bp.hankyung.com E | bp@hankyung.com
F | www.facebook.com/hankyungbp
등록 | 제 2-315(1967. 5. 15)

ISBN 978-89-475-4790-1 03320

책값은 뒤표지에 있습니다.
잘못 만들어진 책은 구입처에서 바꿔드립니다.